**나는 진정한 기독교인이고 싶다**

# 나는 진정한 기독교인이고 싶다

신학·교육학 박사
## 林永沃

*For truth Christian's Faith*

"

이에

예수께서

저희 눈을 만지시며 가라사대

너희 믿음대로 되라

하신대

"

(마9:29)

한 때는 우리나라 대한민국의 기독교 인구(人口)가 1천3백만에 육박하게 되었다. 그러니까 전체 인구의 4분지1이 넘는 사람이 기독교인(Christians)이였다는 말이다.

이는 하나님의 특별하신 은혜이고 한국 역사의 무한한 힘으로 작용되었음을 부인할 수 없다.

여기에서 반드시 알아야 할 것은 우리나라에 기독교 신앙의 진리(眞理)가 뿌리를 단단히 내리게 된 것은 순교자(殉敎者)들의 피와 초대 선교사(宣敎師)들의 성경적(聖經的)인 신앙의 지도 때문이었다는 것을 결코 잊을 수 없다. 기독교는 분명히 역사(歷史)의 양심(良心)이요, 사회(社會)의 도덕(道德)이요, 사람들의 생명(生命)이라는데 다른 이유가 있을 수 없다.

그런데 현실의 한국교회는 완전히 성경(聖經)의 진리(眞理)에서 떠나 경제(經濟)라고 하는 물질에 생포(生捕)되어 버렸다. 참 기독교 진리의 생명력(生命力)은 이미 없어진지 오래이며 기복적(祈福的)인 신앙으로 물들여져 버렸고 예수를 믿는 것이 아니라, 예배당에 다니는 운동에서 끝나버렸다고 해도 지나친 말이 아니다.

우리 기독교(基督敎)는 성경에 근거한 종교이다. 아니, 엄밀히 말하자면 기독교는 이타 종교, 종파와 어울릴 그런 하나의 종교가 아닌 것이다. 그런데도 지금 우리 한국교회는 성경의 진리에서 너무 멀리 떠나 이타 종교와 다를 바 없는 인본주의, 이기주의, 세속주의, 합리주의, 현실주의, 적당주의, 편리주의, 물질주의, 혼합주의, 종교다원주의에 한국교회 강단이 점령당해 버렸다고 해도 과언이 아니다..

기독교 운동은 새로운 것(New-things)의 나타남이 아니라, 하나님 앞에서 지난 날의 잘 못을 철저히 뉘우치고 자기의 잘못을 반성(反省)하여 회개(悔改)하는 마음으로 새롭게 되살아나는 갱신(更新, Renewal)이 되어야 한다. 이는 완전한 절망(絶望)이 아니라 아직도 되살아 날 희망(希望)이 있다는 것으로 하나님의 마음을 읽게 한다.

성경은 선지자를 통해 하나님의 마음을 이렇게 기록했다.

"하늘이여 들으라 땅이여 귀를 기울이라 여호와께서 말씀하시기를 내가 자식을 양육하였거늘 그들이 나를 거역하였도다 소는 그 임자를 알고 나귀는 주인의 구유를 알건마는 이스라엘은 알지 못하고 나의 백성은 깨닫지 못하는 도다 하셨도다 슬프다 범죄한 나라요 허물진 백성이요 행악의 종자요 행위가 부패한 자식이로다 그들이 여호와를 버리며 이스라엘의 거룩한 자를 만홀히 여겨 멀리

하고 물러갔도다 너희가 어찌하여 매를 더 맞으려고 더욱더욱 패역 하느냐 온
머리는 병 들었고 온 마음은 피곤하였으며 발바닥에서 머리까지 성한 곳이 없
이 상한 것과 터진 것과 새로 맞은 흔적 뿐이어늘 그것을 짜며 싸매며 기름으로
유하게 함을 받지 못하였도다 너희 땅은 황무하였고 너희 성읍들은 불에 탔고
너희 토지는 너희 목전에 이방인에게 삼키웠으며 이방인에게 파괴됨 같이 황무
하였고 너희 성읍들은 불에 탔고 이방인에게 파괴됨 같이 황무하였고 너희 성
읍들은 불에 탔고 딸 시온은 포도원의 망대 같이 원두막의 상직막 같이 에워싸
인 성읍 같이 겨우 남았도다 만군의 여호와께서 우리를 위하여 조금 남겨두지
아니 하셨더면 우리가 소돔 같고 고모라 같았으리로다 너희 소돔의 관원(官員)
들아 여호와의 말씀을 들을 찌어다 너희 고모라의 백성아 우리 하나님의 법에
귀를 기울일 지어다 여호와께서 말씀하시되 너희 무수한 제물이 내게 무엇이 유
익하뇨 나는 수양의 번제와 살진 짐승의 기름에 배불렀고 나는 수송아지나 어
린 양이나 수염소의 피를 기뻐하지 아니 하노라 너희가 내 앞에 보이러 오니 그
것을 누가 너희에게 요구하였느뇨 내 마당만 밟을 뿐이니라 헛된 제물을 다시
가져오지 말라 분향은 나의 가증히 여기는 바요 월삭과 안식일과 대회로 모이
는 것도 그러하니 성회와 아울러 악을 행하는 것을 내가 견디지 못하겠노라 내
마음이 너희의 월삭과 정한 절기를 싫어하나니 그것이 내게 무거운 짐이라 내
가 지기에 곤비하였느니라 너희가 손을 펼 때에 내가 눈을 가리우고 너희가 많
이 기도 할 찌라도 내가 듣지 아니하리니 이는 너희의 손에 피가 가득 함이니라
너희는 스스로 씻으며 스스로 깨끗케 하여 내 목전에서 너희 악업을 버리며 악
행을 그치고 선행을 배우며 공의를 구하며 학대 받는 자를 도와주며 고아를 위
하여 신원하며 과부를 위하여 변호하라 하셨느니라 여호와께서 말씀하시되 오
라 우리가 서로 변론하자 너희 죄가 주홍 같을 찌라도 눈과 같이 희어질 것이요

진홍같이 붉을 찌라도 양털 같이 되리라 너희가 즐겨 순종하면 땅의 아름다운 소산을 먹을 것이요 너희가 거절하여 배반하면 칼에 삼키우리라 여호와의 입의 말씀이니라"(사1:2-20)

"슬프고 슬프다 내 마음 속이 아프고 내 마음이 답답하여 잠잠할 수 없으니 이는 나의 심령 네가 나팔소리와 전쟁의 경보를 들음이로다"(렘4:19)

"그들이 내 백성의 상처를 심상히 고쳐주며 말하기를 평안하다 평안하다 하나 평강이 없도다"(렘6:14)

"오직 여호와는 참 하나님이시요 살아계신 하나님이시요 영원한 왕이시라 그 진노하심에 땅이 진동하며 그 분노하심을 열방이 능히 당치 못하느니라"(렘10:10)

"내가 다시는 여호와를 선포하지 아니하며 그 이름으로 말하지 아니하리라 하면 나의 중심이 불붙는 것 같아서 골수에 사무치니 답답하여 견딜 수 없나이다"(렘20:9)

"여호와께서 또 내게 이르시되 너는 이 백성을 위하여 복을 구하지 말라 그들이 금식할 찌라도 내가 그 부르짖음을 듣지 아니하겠고 번제와 소제를 드릴지라도 내가 그것을 받지 아니할 뿐 아니라 칼과 기근과 염병으로 그들을 멸하리라 이에 내가 가로되 슬프도소이다 주 여호와여 보시옵소서 선지자들이 그들에게 이르기를 너희가 칼을 보지 아니하겠고 기근은 너희에게 이르지 아니할 것

11

이라 여호와께서 이곳에서 너희에게 확실한 평강을 주시리라 하나이다 여호와
께서 내게 이르시되 선지자들이 내 이름으로 거짓 예언을 하도다 나는 그들을
보내지 아니 하였고 그들에게 명하거나 이르지 아니 하였거늘 그들이 거짓 계
시와 복술과 허탄한 것과 자기 마음의 속임으로 너희에게 예언 하도다"
(렘14:11~14)

　"여호와여 주는 영원히 계시오며 주의 보좌는 세세에 미치나이다 주께서 어
찌하여 우리를 영원히 잊으시오며 우리를 이 같이 오래 버리시나이까 여호와여
우리를 주께로 돌이키소서 그리하시면 우리가 주께로 돌아가겠사오니 우리의
날을 다시 새롭게 하사 옛적 같게 하옵소서 주께서 우리를 아주 버리셨사오며
우리에게 진노하심이 특심하시니이다"(애5:19-22)


　나는 앞으로 몇 년을 이 땅에서 더 살게 될 것인지에 대해서는 관심
이 없다. 내가 죽는 날까지 어떻게 '하나님의 의(義)'를 더 바르게 나타
내게 될 것인지에 대한 생각일 뿐이다.

　또한, 나는 나를 나 되게 하신 하나님의 사랑과 은혜가 너무도 크고
막중하여 감사(感謝)하는 마음으로 이를 증언하고 싶어서 마지막 남은
인생길 앞에서 글을 쓴다. 누구든지 기독교(基督敎)로 입문(入門)을 하면
반드시 알아야 할 최소치(最少値)의 것들을 여기에 모아서 정리를 해 보
았다. 학술적(學術的)인 것도 아니고, 신학적(神學的)인 것도 아니다. 다만

처음 기독교(基督敎)에 입문(入門)한 평신도(平信徒)들이 '나는 진정한 기독교인이고 싶다' 고 하는 성도들을 위한 안내서(案內書)로 엮어 보았다.

모든 영광(榮光) 하나님께 돌려드리며 여기에 나의 노래, 나의 찬송을 눈물로 다시 적는다.

찬송 ·······································································································

1  웬 말인가 날 위하여 주 돌아 가셨나
   이 벌레 같은 날 위해 큰 해 받으셨나

2  내 지은 죄 다 지시고 못 박히셨으니
   웬 일인가 웬 은혠가 그 사랑 크셔라

3  주 십자가 못 박힐 때 그 해도 빛 잃고
   그 밝은 빛 가리워서 캄캄케 되었네

4  나 십자가 대할 때에 그 일이 고마워
   내 얼굴 감히 못 들고 눈물 흘리도다

5  늘 울어도 눈물로서 못 갚을 줄 알아
   몸 밖에 드릴 것 없어 이 몸 바칩니다 아멘

3,8선 넘어 철조망 밑에서 눈물을 머금고….
林永沃

# Contents

# Contents

# Contents

# 제1장

# 교회의
# 정의 定義

*The Definition of the Church*

기독교에서 말하는 교회란 어떤 장소(場所)나 건물(建物)을 두고 하는 말이 아니라, 어디에서든지 하나님께 '예수 이름"으로 예배(禮拜)를 드리기 위해서 모이는 모임의 공동체(共同體)를 이르는 말이다.

흔히 교회(敎會), 예배당(禮拜堂), 성전(聖殿)이라는 말들로 표현을 하고 있으나 이는 다 같은 의미에서 사용되는 것 같으면서도 각각 다른 뜻을 가지고 있다.

우선 교회(敎會, Church)에 대해서는 말한바 있거니와 예배당(禮拜堂, Chapel)이라는 뜻으로서 하나님께 예배를 드리는 장소를 뜻하는 말이다.

이에 비하여 성전(聖殿, Temple)이라는 말은 지금의 중동(中東)에 있는 이스라엘(Israel) 나라의 예루살렘(Jerusalem)에 있는 성전(聖殿)을 중심으로 나온 말로서, 일반적으로 말하는 사찰(寺刹, Temple)이라는 말과도 같다. 그렇다면 기독교에서 말하는 교회는 예수 그리스도를 향한 믿음의 고백(告白, Confession) 위에 세워진 율법적(律法的)이고 조직적(組織的)인 거룩한 단체(團體)에 대한 뜻을 가진 말이다.

> "시몬 베드로가 대답하여 가로되 주는 그리스도시요 살아계신 하나님의 아들이시니 이다 예수께서 대답하여 가라사대 바요나 시몬아 네가 복이 있도다 이를 네게 알게 한 이는 혈육이 아니요 하늘에 계신 내 아버지시니라 또 내가 네게 이르노니 너는 베드로라 내가 이 반석 위에 내 교회를 세우리니 음부의 권세가 이기지 못하리라"(마16:16-18)

이 말씀을 중심으로 로마 카톨릭 교회와 개신교(改新敎)가 나누어지게 되었다는 것은 참으로 가슴 아픈 일이다. 로마 카톨릭 에서는 베드로(Peter)라는 인물(人物) 위에 하나님의 교회를 세웠다고 하여 베드로의 승계자(承繼者)로 교황(敎皇)을 내세우게 되었고, 개신교(改新敎)에서는 베드로의 신앙고백(信仰告白)위에 예수 그리스도의 몸인 교회를 세웠다는데서 교리적(敎理的)인 차이를 갖게 되지만 이는 본질적인 진리에 있어서는 엄청난 차이를 가져오게 되었다. 즉, 로마가톨릭은 예수위에 교황이 자리잡게 된 것이다.

# 1
## 교회란 무엇인가

본래 교회라는 말이 구약에서는 유대인들이 모이는 집회(集會)나 회중(會衆)을 뜻하는 말이기도 했다. 그러나 성경에서 말하는 교회는 하나님의 선민(選民)의 거룩한 모임(Ekklesia)을 뜻하는 것으로 교회는 곧 하나님의 교회요, 하나의 교회라는 말로서 보편성(普遍性)과 통일성(統一性)과 일체성(一體性)을 갖는다.

이는 비록 우리가 현재 몸을 담고 있는 지상(地上)에 있는 유형교회(有形敎會, Visible Church)만이 아니라, 천상(天上)에 있는 무형교회(無形敎會, Invisible Church)까지를 포함 하는 것으로 지금 우리들이 말하고 있는 '우리 교회'

The Definition of the Church

라는 말을 가장 조심스럽게 구분 할 줄을 알아야 한다.

"그러므로 주 안에서 갇힌 내가 너희를 권하노니 너희가 부르심을 입은 부름
에 합당하게 행하여 모든 겸손과 온유로 하고 오래 참음으로 사랑 가운데서 서
로 용납하고 평안의 매는 줄로 성령의 하나 되게 하신 것을 힘써 지키라"(엡
4:1~3)

"유대인에게나 헬라인에게나 하나님의 교회에나 거치는 자가 되지 말고 나와
같이 모든 일에 모든 사람을 기쁘게 하여 나의 유익을 구치 아니하고 많은 사람
의 유익을 구하여 저희로 구원을 얻게 하라"(고전10:32~33)

성경은 천상(天上)에 있는 무형교회(無形教會, Invisible Church)의 모습을 매
우 구체적으로 자세하게 묘사해 주고 있다.

"또 내가 새 하늘과 새 땅을 보니 처음 하늘과 처음 땅이 없어졌고 바다도 다
시 있지 않더라 또 내가 보매 거룩한 성 새 예루살렘이 하나님께로부터 하늘에
서 내려오니 그 예비한 것이 신부가 남편을 위하여 단장한 것 같더라 내가 들으
니 보좌에서 큰 음성이 나서 가로되 보라 하나님의 장막이 사람들과 함께 있으
매 하나님이 저희와 함께 거하시리니 저희는 하나님의 백성이 되고 하나님은 친
히 저희와 함께 계셔서 모든 눈물을 그 눈에서 씻기시매 다시 사망이 없고 애통
하는 것이나 곡하는 것이나 아픈 것이 다시 있지 아니 하리니 처음 것들이 다 지
나 갔음이러라 보좌에 앉으신 이가 가라사대 보라 내가 만물을 새롭게 하노라
하시고 또 가라사대 이 말은 신실하고 참 되니 기록하라 하시고 또 내게 말씀하
시되 이루었도다 나는 알파와 오메가요 처음과 나중이라 내가 생명수 샘물로 목
마른 자에게 값없이 주리니 이기는 자는 이것들을 유업으로 얻으리라 나는 저
의 하나님이 되고 그는 내 아들이 되리라 그러나 두려워하는 자들과 믿지 아니
하는 자들과 흉악한 자들과 살인자들과 행음자들과 술객들과 우상숭배 자들과
모든 거짓말하는 자들은 불과 유황으로 타는 못에 참예하리라 이것이 둘째 사

망이라"(계21:1~8)

# 2

## 교회를 어떻게 조직(組織)할 것인가

지상(地上)에 있는 교회는 일반적으로 새로 들어온 원입교인(願入敎人)과 학습교인(學習敎人), 세례교인(洗禮敎人)으로 이루어진다.

이렇게 하나의 교회가 이루어지기 위해서는 사람들이 모이는 것을 기준으로 말을 하게 되나 여기에는 신비적인 진리(眞理)와 영적(靈的)인 요소(要素)가 함께 작용하고 있다. 즉 예수 그리스도를 하나님의 아들 나의 구주로 믿는다는 고백(告白)과 함께 그 증거로 지금까지의 모든 죄(罪)를 씻고, 성령으로 중생(重生, Regeneration)한 사람들이어야 할 것을 전제로 한다.

엄밀한 의미에서 내가 예수 그리스도를 구주로 믿고 하나님의 자녀가 되었다는 것은 나의 힘이나 선택(選擇)에 의한 것이 아니라 전적으로 하나님의 사랑과 은혜(恩惠)가 나를 그렇게 만들어서 '하나님의 사람'이 되게 하셨다는 믿음이다.

"너희가 그 은혜를 인하여 믿음으로 말미암아 구원을 얻었나니 이것이 너희에게서 난 것이 아니요 하나님의 선물이라"(엡 2:8)

"너희는 유혹의 욕심을 따라 썩어져 가는 구습을 좇는 옛사람을 벗어버리고 오직 성령으로 새롭게 되어 하나님을 따라 의와 진리의 거룩함으로 지으심을 받

은 새 사람을 입으라"(엡 4:22-24)

　"그러므로 사랑을 입은 자녀 같이 너희는 하나님을 본 받는 자가 되고 그리스도께서 너희를 사랑하신 것 같이 너희도 사랑 가운데서 행하라 그는 우리를 위하여 자신을 버리사 향기로운 제물과 생축으로 하나님께 드리었느니라"(엡5:1-2)

　"너희가 세례로 그리스도와 함께 장사한바 되고 또 죽은 자들 가운데서 그를 일으키신 하나님의 역사를 믿음으로 말미암아 그 안에서 함께 일으키심을 받았느니라"(골2:12)

　"내가 그리스도와 함께 십자가에 못 박혔나니 그런즉 이제는 내가 산 것이 아니요 오직 내 안에 그리스도께서 사신 것이라 이제 내가 육체 가운데 사는 것은 나를 사랑하사 나를 위하여 자기 몸을 버리신 하나님의 아들을 믿는 믿음 안에서 사는 것이라"(갈2:20)


　무엇보다 중요한 것은 교회의 질서(秩序)가 바로 세워져 있어야 진정한 하나님의 교회'라고 할 수 있다. 이 점에 대하여 교회는 입장을 더 분명히 해야 할 것이다.



# 3
## 세례교인(洗禮敎人)의 권리(權利)와 의무(義務)

　지상(地上)에 있어서 세례교인(洗禮敎人)된 자의 권리는 매우 크고 막중하다. 성찬식(聖餐式)에서 잔(盞)을 들고 떡을 먹을 수 있으며 교회의 완전한 구성원(構成員)으로서 선거권(選擧權)과 피선거권(被選擧權)이 있다.

설혹 세례교인(洗禮敎人)이 여행 중(旅行中)에 있다고 할지라도 그 교회에서 성찬식을 행하면 당연히 잔(盞)을 마시고 떡을 들 수 있으나 정식적인 절차를 밟지 않고서는 선거권(選擧權)이나 피선거권(被選擧權)을 가질 수 없다. 그리고 성수주일(聖守主日)을 비롯하여 십일조 등 헌금생활(十一條生活)이나 교회에서 행하는 모든 일에 의무적, 자발적으로 참여하여 주님의 몸된 교회를 위하여 죽도록 충성해야 한다.

그러나 이러한 모든 행위는 매우 자율적(自律的)인 것으로서 그의 신앙양심(信仰良心)에 따르는 일이라고 할 것이다.분명히 의무사항에(義務事項)에 대한 법률적(法律的)인 규제조항(規制條項)이나 명령(命令)은 거의 없다. 그러나 그의 신앙 양심에 호소하는 힘의 작용은 크다고 볼 수 있다.


# 4

## 교회의 직분자(職分者)들

하나님의 교회에는 비상임직(非常任職, Extraordinary Officer)으로서의 직분과 상임직(常任職, Ordinary Office)으로서의 직분(職分)이 있다.

비상임직(非常任職)으로서의 직분은 예수께서 친히 불러서 세우신 사도(使徒, Apostle)를 비롯하여 선지자(先知者, Prophet), 교사(敎師, Teacher), 전도자(

傳道者, Evangelist)들이 있고 상임직(常任職)으로는 목사(牧師, Pastor)와 장로(長老, Elder)와, 집사(執事, Deacon)가 있다. 그리고 여직원(女子職員)으로서 권사(勸師, Recommender)가 있는데, 분명히 권사도 안수(按手)를 해서 당회(堂會)의 구성원(構成員)으로 참여를 시켜야 할 것이다.

그 외에 전도사(傳道師, Evangelist), 강도사(講道師, Preacher), 선교사(宣敎師, Missionary)들이 있으나, 자기가 속한 교단이나 교회의 실정에 따라서 또 다른 직분자들이 얼마든지 있을 수 있다.

그리고 모든 직분자는 주님처럼 섬기는 자의 자세이어야 하고 섬김을 받는 자리에 익숙해서는 절대 안 되는 것이다.

**"인자가 온 것은 섬김을 받으려 함이 아니라 도리어 섬기려 하고 자기 목숨을 많은 사람의 대속물로 주려 함이니라"(마10:28)**

또한, 시대적인 문화의 조류(潮流)와 형편에 따라서 교회의 조직(組織)이나 직분(職分)도 다르게 나타날 수 있으나 성경에서 떠난 조직이나 직분은 있을 수 없다.

성경은 정치적인 제도(制度)나 조직(組織)을 목표로 하는 것이 아니라 하나님의 교회에 대한 신비적(神秘的)인 하나님의 진리(眞理)요 말씀의 법칙(法則)이기 때문에 그 절대성(絶對性)은 지켜져야 하고 사람으로서는 아무도 변개(變改)하거나 폐기(廢棄)도 할 수 없다. 그러므로 성경은 하나님에 대한 믿음의 책(冊)이요, 하나님을 향한 믿음을 가르치는 절대적인 규율(規律)이요 하나님의 신적(神的)인 권위(權威)를 가지는 하나님의 책(冊)으로서 절대성(絶對性)을 갖는다.

기독교의 변질(變質)은 성경 말씀을 어떻게 받아들이느냐에 따라서 다르게 나타난다는 것을 명심해야 할 것이다. 이른바 신학자(神學者)라고 하는 사람들 가운데서도 성경에 대한 믿음이 아닌 비판(批判)을 가하는 사람들은 이미 하나님의 진리에서 떠난 사람으로서 상대할 가치조차 없다.

"내가 율법이나 선지자나 폐하려 온 줄로 생각지 말라 폐하러 온 것이 아니요 완전케 하려 함이로다 진실로 너희에게 이르노니 천지가 없어지기 전에는 율법의 일점일획이라도 반드시 없어지지 아니하고 다 이루리라"(마5:17-18)

"천지는 없어지겠으나 내 말은 없어지지 아니하리라"(마25:35)

"이 예언의 말씀을 읽는 자와 듣는 자들과 그 가운데 기록한 것을 지키는 자들이 복이 있나니 때가 가까움이라"(계1:3)

"내가 이 책의 예언의 말씀을 듣는 각인에게 증거 하노니 만일 누구든지 이것들 외에 더하면 하나님이 이 책에 기록된 재앙들을 그에게 더하실 터이요 만일 누구든지 이 책의 예언의 말씀에서 제하여 버리면 하나님이 이 책에 기록된 생명나무와 및 거룩한 성에 참예함을 제하여 버리시리라"(계22:18-19)

"모세가 말하되 주 하나님이 너희를 위하여 너희 형제 가운데서 나 같은 선지자 하나를 세울 것이니 너희가 무엇이든지 그 모든 말씀을 들을 것이라"(행3:22)

# 제2장

# 교회의 조직 組織

*The Organization of the Church*

교회의 조직(組織)은 교단(敎團)이나 교파(敎派)에 따라서 약간씩 다르고 그 교회의 사정에 따라서도 약간씩 다르다. 여기에서는 장로교의 조직을 중심으로 말을 하려고 한다. 그러나 일차적으로는 어느 교회를 가릴 것 없이 세례교인(洗禮敎人)을 중심으로 하나님의 교회(敎會)를 조직하고, 직원(職員)을 선택(選擇)하고 운영(運營)에 임하게 된다는 것은 알아두어야 할 것이다.

하나님의 교회는 영적(靈的)인 요소와 사회적(社會的)인 요소가 함께 병행하여 움직인다는 사실을 알고 어느 한 쪽으로 치우친다거나 편중되어서도 안 된다.

# 1

## 공동의회(共同議會)

하나님의 교회에 있어서 공동의회(共同議會)는 치리권(治理權)이 없는 최고(最高)의 기구(機構)로서 그 교회에 다니는 남녀(男女)를 합한 세례교인(洗禮敎人)으로 구성한다. 공동의회에서는 우선 그 교회의 담임목사(擔任牧師)

를 청빙(請聘)하는 것과, 중요한 교회의 직원(職員)을 선택(選擇)하는 것, 그 교회에 관한 재산권(財産權)을 행사하는 세 가지의 권세(權勢)를 갖는다.

이때에 공동의회를 이끌고 나갈 의장(議長)은 당연히 소속 노회(老會)에서 보낸 목사(牧師) 이외에는 맡을 수 없다. 목사는 노회에 소속된 사람으로서 노회가 파송(派送)하여 보낸 하나님의 특명전권대사(特命全權大使)와도 같다. 그래서 지 교회에서는 목사를 청빙(請聘)은 할 수 있으나 당회장권에 대해서는 흔들 수가 없다.

그러므로 만약에 목사가 소속된 노회에서 제명(除名)을 당했다거나 스스로 이탈(離脫)을 할 경우는 이미 목사(牧師)가 아니다.


# 2

## 당회(堂會)

그 교회의 당회(堂會)는 하나님의 교회에 있어서 최고(最高)의 권위(權威)로 그 교회를 맡은 목사(牧師)를 당회장(堂會長)으로 하여 하나님께 드리는 예배(禮拜)와 성례(聖禮)를 관장하고, 직원(職員)을 임명(任命)하여 세우고, 각종 문답(問答)으로 시험(試驗)을 치르며 치리권(治理權)을 행사한다.

목사가 그 교회를 맡은 담임목사로서 하나님의 양(羊) 떼들인 성도들을 먹이고 다스리는데 당회장이 되는 것은 노회의 권위에 속한 것이므로 교회가 함부로 좌우할 수는 없다. 교회의 당회는 목사 한 사람과 그 교회에서 선출하여 노회의 시험을 통과하여 장립(將立)을 받은 장로들로 구성(構成)한다.

여기에 여자를 대표하는 당회원(堂會員)이 없다는 것은 앞으로 시정(是正)을 요하는 일이다. 즉 여자의 권사(勸師)에게 남자의 장로(長老)처럼 안수(按手)만 하면 될 것이다. 물론 이것은 좀 색다른 숙제(宿題)인 것 같으나 인종(人種)이나 성적(性的)인 차별이 없는 하나님의 교회에서 여자목사(女子牧師)는 세우고 여자(女子)로서 교회의 중요한 일을 처리하는 당회원(堂會員)이 없다는 것은 반드시 시정(是正)해야 할 일이라고 본다.

# 3
## 제직회(諸職會)

교회의 제직회(諸職會)는 그 교회에서 종사하는 목사(牧師)와 장로(長老)와 권사(勸師)와 집사(執事)와 그 외에 전도사(傳道師)나 강도사(講道師)와 같은 모든 직원(職員)들로 구성(構成)한다. 그러나 제직회는 인사권(人事權)이 없는 교회의 일을 하는 기구로서 봉사(奉仕)에만 전념해야 한다.

교회에 관한 각 기관에 대한 활동부서(活動部署)는 제직회에서 결정할 일이다. 교회를 맡아서 수고하는 교역자(敎役者)는 하나님의 말씀을 바로 전해야 하고, 그렇게 하기 위해서는 제직원(諸職員)들의 봉사활동이 잘 이루어져야 하므로 남녀 집사를 세우고, 그들을 중심으로 제직회(諸職會)를 둔다. 성경은 교회가 집사(執事)들을 세워서 봉사에 임하게 해야 할 것에 대한 근거를 분명하게 말씀해 주고 있다.

> "열두 사도가 모든 제자를 불러 이르되 우리가 하나님의 말씀을 제쳐놓고 공궤를 일삼는 것이 마땅치 아니 하니 형제들아 너희 가운데서 성령과 지혜가 충만하여 칭찬 듣는 사람 일곱을 택하라 우리가 이 일을 저희에게 맡기고 우리는 기도하는 것과 말씀 전하는 것을 전무하리라 하니"(행6:2-4)

# 4

## 교회학교(敎會學校)

하나님의 교회는 마땅히 하나님께 예배(禮拜)를 드려야 하고 그 다음에는 하나님의 복음(福音)을 전파해야 한다. 이러한 교회의 목적을 수행하기 위해서는 마땅히 교육(敎育)이 행해져야 한다. 그런데도 교회가 교육(敎育)을 하는 데는 너무도 인색(吝嗇)하고 빈약(貧弱)한 것 같다. 교회학교(敎會學校)라고 해야 겨우 어린이들을 위한 유년주일하교(幼年主日學校)의 정도로 말하게 되는데, 이는 처음부터 매우 잘 못되었다.

그리고 주일날 예배를 드리기 전에 교회마다 실시하든 전국적인 주일공과(主日工課) 공부의 열기가 왜 식어졌는지에 대한 검토도 있어야 할 것이다. 또한 우리 한국교회는 초대교회 시절부터 '초학문답'이라는 작은 책자(冊子)를 만들어서 새로 오는 입교자(入敎者)들에게 나누어주고 이에 따라서 학습교인(學習敎人)이나 세례교인(洗禮敎人)에 대한 기본교육을 실시해 왔다.

예수께서는 전도(傳道, Preaching)와, 교육(敎育, Teaching)과, 이적(異蹟)으로 병(病)을 고치는(Healing) 일을 그의 전 생애를 통해서 계속하셨다.

그런데도 현대교회가 교회학교(敎會學校)에 대한 비중(比重)을 낮게 보고, 관심(觀心)이 적다는 것은 그만큼 목사들의 교육수준(敎育水準)이 낮아졌다는 말 외에 달리 변명할 말이 없다. 교회 스스로가 목사들을 비롯하여 모두의 교육수준을 더 높이고 교회마다 교회학교(敎會學校)의 교육을 훨씬 더 강화시켜야 나가야 할 것이다.

현대 교회들은 주일학교(主日學校)의 교사(敎師)들에 대한 재훈련이 필요하다. 교회 직원들에 대한 재교육(再敎育)이 절대로 필요하다. 그리고 교사(敎師)들에 대한 자격시험(資格試驗)도 교단의 차원에서 이루어지는 것이 옳다고 본다. 따라서 목사(牧師)들의 학문적(學問的)인 수준(水準)과, 교육훈련(敎育訓練)이 너무도 절실하다. 이는 교단의 총회(總會)에서 헌법상(憲法上)의 문제로 다시 손을 보아야 할 일이고, 신학교(神學校)의 교과편제(敎科編制)를 다시 할 때가 왔다는 것을 뜻하는 말이다.

신앙에 대한 것은 개인적(個人的)인 문제라고 할 것이나, 교육(敎育)에 대한 문제는 단순히 국내(國內)에 국한(局限)될 일이 아니라 국제적인 기준과 통일이 이루어져야 할 것이다. 현대 교회는 전 세계를 상대로 보편적이고 평준적인 규격(規格)을 갖추는 것이 시대적인 요청이라고 해야 할 것이다.

# 5
## 그 외의 자치기구(自治機構)들

교회마다 그 교회의 사정과 형편에 따라서 보편적인 것 외에 별도의 기구를 설치할 수 있다. 그리고 그러한 자치기구마다 원활한 활동과 목적을 달성하기 위해서 자기들만의 회칙(會則)을 갖는다. 여기에서 가장 중요한 것은 그 회칙의 발효(發效)에 대한 문제로서 대부분의 회칙 끝에 부칙(附則)이 있고 그 부칙중의 하나로 '본 회칙은 본회를 통과하므로 그 효력(效力)을 발생 한다' 라고 하는 조항(條項)이 있다.

그런데 거기 부칙조항에 나오는 회칙발효의 조항에 '본 회칙은 본회를 통과한 다음 본교회 당회장의 승인하(承認下)에 효력을 발생 한다'라고 하는 조항을 두는 것이 필수적이다. 교회 안에 존재하는 모든 기구는 봉사활동을 하기 위한 것이지 어떤 치리권을 행사하기 위한 것이 아니고, 또한 성경에서 말씀하고 있는 진리의 범주 안에서만 활동을 해야 하기 때문에 반드시 그 교회를 맡은 담임하고 있는 목사의 승인을 받아야 한다.

# 6

## 교회의 구역관리(區域管理)

　교회마다 교회를 중심으로 구역(區域)을 나누어서 성도(聖徒)들끼리 사랑의 교제(交際)를 나누고 적극적인 전도활동(傳道活動)을 하도록 하는 것은 교회의 성장(成長)과 부흥(復興)을 위해서 매우 잘된 일이다.

　여기에서 교회는 구역마다 구역장(區域長)을 임명하여 그로 하여금 자기가 맡은 구역 내에 거주하는 성도들의 동정과 형편을 수시로 담임 목사에게 보고를 하게하고 그 보고에 따라서 대처해 나가는 것이 좋다. 하나님의 교회가 크게 부흥발전을 하게 되면 그럴수록 구역의 활동은 활발해 진다. 그리고 대형교회는 구역별로 부목사(副牧師)를 두어 책임을 지고 구역을 관리하게 하면 여러 가지로 좋을 것이다.

# 7

## 목사의 가정심방(家庭尋訪)과 예배(禮拜)

　대형 교회일수록 그 교회를 담임하고 있는 목사의 가정심방이나 그 가정(家庭)을 중심으로 하는 예배(禮拜)와 담임목사의 설교(說敎)를 듣기가 어렵고 힘들 것이다. 목사는 모처럼의 가정 심방을 통해서 가장 적극적인 설교(說敎)와 권면(勸勉)을 할 수 있어야 한다. 어쩌면 설교자(說敎者)로서의 목사(牧師)가 가정(家庭)을 심방하여 드리는 예배와 설교의 효과(效果)와 비중(比重)은 가장 높은 것이라고 보아야 할 것이다. 그것은 일대 일의 대면 설교요 권면이기 때문이다.

교회마다 구역을 두어 교인들의 동정(動靜)을 살피게 하고, 담임 목사가 가정을 찾아서 방문하여 예배를 드리고 권면을 하게 하는 것은 교회의 질적이고 양적인 성장이나 부흥을 위해서 절대적이라고 해야 할 것이다. 그러므로 목사들은 가정을 심방하는 일이나 그 가정에 가서 어떻게 설교를 해야 할 것인가에 대한 새로운 각성이 필요하다.

그리고 염두에 둘 사항은 가정 심방 시에는 반드시 부교역자나 권사를 대동하고 방문하여야 한다. 이는 어떠한 유혹과 시험의 올무에 빠지지 않기 위하여 단수가 아닌 복수이어야 한다는 말이다.

> **"너희 중에 병든 자가 있느냐 저는 교회의 장로들을 청할 것이요 그들은 주의 이름으로 기름을 바르며 위하여 기도할 찌니라"** (약5:14)

# 제3장

# 교회教會와
# 예배禮拜

교회라고 하는 것은 하나님의 자녀(子女)들이 하나님께 예배(禮拜)를 드리기 위해서 모인 모임의 공동체(共同體)라는 것을 이미 말한바 있다. 그러므로 교회라고 하면 먼저 하나님의 자녀(子女)들이 하나님께 예배를 드리기 위해서 한 자리에 모여야 하고 모이는 자들의 마음가짐이나 옷차림 하나까지 가장 경건하고 진실해야 한다.

현대 교회 성도들이 하나님께 드리는 예배는 너무도 형식적(形式的)이고 제도적(制度的)이고 인본주의적(人本主義的)이다. 하나님께 드리는 예배(禮拜)가 사람 앞에 내 세우는 의전(儀典)이나 예의(禮儀)에도 미치지 못하고 있다. 외형적인 장식(裝飾)이나 꾸밈은 그럴싸하지만 그 마음은 아닌 것 같아서 아쉽다.

예배당(禮拜堂) 마다 강단(講壇)을 중심으로 큰 북이 갖추어져 있고 온갖 악기(樂器)들이 다 준비되어 있다. 그러나 그러한 꾸밈이나 장식(裝飾)에 비하여 내면의 진실은 없다고 해야 할 것이다. 교회가 새로워져야 한다는 것은 하나님께 드리는 예배의 혁신(革新)으로부터 시작 되어야 하고 예배가 바로 드려지기 위해서는 성경의 진리에 따라서 하나님께 드리는 예배가 신령과 진정으로 드려져야 한다.

"하나님은 영이시니 예배하는 자가 신령과 진정으로 예배할 지니라"(God is
Spirit, and those who worship Him must worship in spirit and truth. 요4:24)


# 1

## 예배의 종류(種類)

하나님께 드리는 참 예배(禮拜)란 엄밀한 의미에서 생각할 때에 어떤
형식(形式)과 의전(儀典)이 아니라 사람의 삶 전체가 하나님의 은혜(恩惠) 안
에서의 삶이요 또한 하나님께 드리는 예배가 되어야 한다.

유독 그리스도인에게 생활신앙(生活信仰)을 말하는 것은 나의 존재(存在)
와 삶의 형식(形式) 전체가 하나님께 드리는 예배여야 한다.

하나님께 드리는 예배는 구약 성경에 나오는 '피를 드리는 희생제사
(犧牲祭祀)'로서 이는 곧 예수 그리스도의 속죄 구원을 뜻하는 것이다. 그
러므로 우리가 하나님께 드리는 예배는 나의 삶 전체로서 이는 예배당
에 가서 의전을 갖추어서 드리는 것도 중요하지만 더 중요한 것은 나의
생명(生命) 전체를 하나님께 드리는 예배행위가 되어야 한다는 말이다.

현대 교회가 변질(變質)되고 세속화(世俗化) 되었다는 것은 하나님께 드
리는 예배의 가치(價値)가 바뀌어졌다는 말과도 같다. 하나님의 존재(存
在)의 성격은 편재(遍在, Omnipresence)하심에서 설명된다. 이는 곧 하나님

의 전지전능(全知全能)으로 나타낸다. 그렇다면 사람이 하나님께 드리는 예배는 시공계(時空界)의 제약(制約)이나 형식(形式)에 상관없이 삶 전체가 예배가 되어야 한다는 말이다. 특히 현대 교회의 성도들은 예배당에 가서 주보(週報)의 순서에 따라서 진행하는 것이 예배라고 잘못 생각하여 예배를 하나의 의전적(儀典的)인 행사(行事, Event)로 여긴다.

그러나 예배당이 하나님께 드리는 예배의 장소(場所)라면 예배당 안에 발을 들여놓는 순간부터 전체가 예배가 되어야 한다.

입으로는 말하기를 "예배를 동해서 하나님을 만나는 교제(交際)요 나의 모든 것을 하나님께 고하는 대화(對話)요 하나님을 향한 나의 찬송(讚頌)이다"라고 하면서 마음이 아닌 하나의 행사로 진행할 따름이다.

아이들은 예배당에 와서 뛰놀고 장난을 하며 즐긴다. 교회의 목사나 교사들은 하나님을 향한 예배에는 관심도 없고 어떻게 하든 그 아이들의 기분에 맞춰주고 더 많이 몰려오도록 유도한다. 이것이 현대 교회의 잘못이요 예배를 통한 하나님께 대한 죄악(罪惡)이다.

때문에 하나님께서는 참예배자(禮拜者)를 찾는다고 예수께서는 안타까운 충정으로 말씀하셨다(요4:23)

현대 교회의 성도들이 관행적으로 드리는 예배는 주일날 한자리에 모여서 드리는 정식 예배로부터 시작하여 낮 예배, 밤 예배, 수요예배,

금요예배, 새벽기도회의 예배, 가정예배, 구역예배, 그리고 각종 행사에 따르는 예배 등이 있는데 이는 곧 성도들의 생활 전체(全體)가 하나님께 드리는 예배여야 한다는 것을 뜻하는 말이다.

그래서 예배에는 특별히 정하여 예배의 종류라고 구분(區分)을 지을 수가 없다.

그리고 예배의 4대 요소(말씀, 기도, 찬양, 예물)가 겸비되어 있어야 진정한 예배라고 할 수 있다.

# 2

## 예배자(禮拜者)의 준비(準備)

예배자의 준비는 일차적으로 자기의 몸과 마음을 산 제물(祭物)로 하나님께 드리려는 마음의 정리(整理)부터 해야 한다. 예배당에 모여서 성도들이 함께 예배당에 모여서 하나님께 예배를 드린다는 것은 전적으로 하나님의 사랑이요 은혜이다.

또한, 제물 없는 제사 없고 예물 없는 예배가 없듯이 하나님께 나아가서 자기를 희생(犧牲)의 제물(祭物)로 드린다는 것이 곧 하나님께 드리는 예배(禮拜, Worship)이다.

그러므로 하나님께 예배를 드리기 위해서는 먼저 자기의 모든 죄(罪)를 내어놓고 사유(赦宥)함을 받아야 하고 다음으로는 마음을 가장 경건하게 정결(淨潔)하게 정리해야 하고 다음에는 하나님 앞에 입고 나아갈 의복(衣服)까지도 가장 정결하고 단정하게 해야 할 것이다. 그런데도 현대 교회의 성도들은 하나님 앞에 나아가서 예배를 드리기 위한 바른 준비가 전혀 되어있지 않다. 그래서 이사야 선지자는 참으로 안타까운 심정으로 절절하게 눈물의 호소를 하고 있다.

> "여호와께서 말씀하시되 무수한 제물이 내게 무엇이 유익하뇨 나는 수양의 번제와 살진 짐승의 기름에 배불렀고 나는 수송아지나 어린 양이나 수 염소의 피를 기뻐하지 아니 하노라 너희가 내 앞에 보이러 오니 그것을 누가 너희에게 요구하였느뇨 내 마당만 밟을 뿐이니라 헛된 제물을 다시 가져오지 말라 분향은 나의 가증히 여기는 바요 월삭과 안식일과 대회로 모이는 것도 그러하니 성회와 아울러 악을 행하는 것을 내가 견디지 못하겠노라"(사1:11-13)

목사(牧師)는 교인(敎人)들에게 설교(說敎)를 하기 위해서 설교 준비를 하나 그에 앞서 자기도 하나님께 예배를 드리기 위한 준비를 해야 한다. 하나님께 드리는 예배에는 신분이나 교회의 직위(職位)에 상관없이 다 같다. 그러므로 우리 한국 교회가 다시 살기 위해서는 먼저 하나님께 드리는 예배부터 새롭게 변화(變化)되어야 한다.

# 3

## 교회와 치리권(治理權)의 행사(行事)

기독교(基督敎)는 사랑의 종교다.

그러나 교회의 표지(標識)는 신학적(神學的)으로 말할 때에 강단에서 하나님의 말씀이 바로 선포되어야 하고 성례(聖禮)가 바로 집행되어야 하며 나아가서는 치리권(治理權)이 바로 행사되어야 한다는 세 가지의 원칙(原則)을 갖는다.

현대인들에게는 그들의 부모(父母)나 스승이 때리는 '사랑의 매'가 없어진지 오래다. 이는 크게 잘못한 것이다. 하나의 나무도 장래를 바라고 목재(木材)로 키우기 위해서는 어렸을 때에 지주(支柱)를 세워서 제맘대로 자라지 못하도록 잡아준다.

그런데 현대인들에게는 사랑이니, 자유(自由)니, 인권(人權)이니 하여 징계가 없이 놓아서 기른다. 사랑의 채찍이 없어졌다는 것은 참의 가치(價値)가 없어지고 사람을 동물적(動物的)으로 기른다는 악습(惡習)이요 또한 악폐(惡弊)일 뿐이다.

하나님의 교회가 교회의 경건을 유지하고 한 영혼을 참으로 사랑한다고 하면 반드시 교회마다 치리권(治理權)이 더 강화(强化)되어야 하고 반드시 치리권(治理權)은 행사되어야 한다.

교회마다 잘 못하는 교인에게는 치리권을 행사하여 징책(懲責)을 해야 한다. 교회의 징책은 그가 행한 죄(罪)에 따라서 권고(勸告)나 권면이나 수찬정지(受餐停止)나 심하면 출교(黜敎)의 벌(罰)을 가한다.

　그러나 이는 모두가 전적으로 사랑의 동기에서 나온 행위로서 다음과 같은 치리권(治理權) 행사의 목적을 갖는다.

　첫째는 교회의 신성(神聖)을 지키기 위함이고
　둘째는 본인에게 회개의 기회를 부여하고
　셋째는 다른 사람에게의 오염(汚染)을 막기 위함이다.

# 제4장

# 기독교 基督教 와
# 성경 聖經

기독교(基督敎, The Christianity)라고 하는 종교는 어떠한 경우에도 성경을 떠나서는 존재조차도 할 수 없다.

현재 기독교가 세상 사람들로부터 비방(誹謗)과 지탄(指彈)의 대상이 되게 된 것은 예수를 믿는다고 하는 사람들이 성경의 진리(眞理)를 따르지 않고 시대(時代)의 조류(潮流)에 따라가고 있기 때문이라고 할 것이다. 더구나 그렇게 된 것은 외부의 사람들에 의해서 되어진 것이 아니라 소위 신학자(神學者)라고 하는 사람들은 성경을 하나님의 말씀으로 보지 않고 단순히 하나의 문서(文書)로 보기 때문이다.

종교철학적(宗敎哲學的)인 입장에서 보더라도 성경은 기독교의 종교를 구성(構成)하는 경전(經典, The Scripture)이다. 종교마다 자기 종교의 경전(經典)을 가진다.
그 경전에 따라서 교리(敎理, Dogmas, Doctrine)가 발생(發生)하고 그 교리(敎理)에 따라서 신앙하는 방법으로서의 신조(信條, Creed)가 나온다.

뿐만 아니라 성경은 하나님께서 우리 인간들을 향하신 마지막의 신호(信號)요 통첩(通牒)으로 주신 하나님의 언약(言約)이요 하나님의 약속(約束)의 책(冊)이다. 지금 우리가 살고 있는 전세계(全世界) 곧 우주(宇宙) 안에 있는 모든 존재(存在, Existence)나 형식(形式, Formality)은 어느 것 하나도 성경의 진리를 떠나서는 설명될 수 없다. 그 가운데서도 유독 기독교(基督敎)라고 하는 종교(宗敎)는 성경을 절대시(絶對視)하고 있다.

그런데도 우선 로마 카톨릭 교회와 같은 경우에는 자기 종교의 경전으로서의 성경에 대한 권위(權威)를 인정하지 않고 교인들에게도 성경의 지참권(持參權)이나 자유로운 해석권(解釋權)을 주지 않고 교황을 비롯한 사제(司祭)들이 시키는 대로만 하면 된다는 것이다.

> "또 네가 어려서부터 성경을 알았나니 성경은 능히 너로 하여금 그리스도 예수 안에 있는 믿음으로 말미암아 구원에 이르는 지혜가 있게 하느니라 모든 성경은 하나님의 감동으로 된 것으로 교훈과 책망과 바르게 함과 의로 교육하기에 유익하니 이는 하나님의 사람으로 온전케 하며 모든 선한 일을 행하기에 온전케 하려 함이니라"(딤후3:15-17)

# 1
## 성경 기록(記錄)의 역사적(歷史的)인 배경(背景)

기독교의 경전(經典)으로서 성경은 39권의 구약과 27권의 신약 성경을 모두 합하여 66권으로 되어있다. 그리고 이 성경을 쓴 기자(記者)들의 신분(身分)을 그들의 직업별(職業別)로 가려서 보면 정치인(政治人), 농부(農夫), 목자(牧者), 음악가(音樂家), 시인(詩人), 세리(稅吏), 의사(醫師), 왕(王), 어부(漁夫), 율법학자(律法學者)들로 되어 있다.

그리고 성경이 기록(記錄)된 연대(年代)를 보면 BC 1500년으로부터 시작하여 AD 100년까지로 보아서 약 1천 6백년 사이에 기록된 것으로 본다. 그런데도 성경은 예수께서 말씀하신 대로 성경 전체의 주제(主題)가 오직 '예수 그리스도' 한 분으로 통일(統一)되어있다.

비록 기록한 연대(年代)를 비롯하여 기자(記者)들의 신분(身分)이나 기록한 시기의 사회적(社會的)인 환경(環境)을 살펴보면 천차만별(千差萬別) 한데도 성경은 너무도 오묘(奧妙)하고 신비적(神祕的)인 보편성(普遍性)과 통일성(統一性)과 단일성(單一性)의 공통적(共通的)인 일체감(一體感)을 가지게 한다.

그것은 예수님의 말씀대로 주제(主題)가 예수 그리스도 한 분이셨고 이를 쓰게 하신 분이 하나님이셨다는 것을 알 수 있다. 하나님께서는 성경을 기록한 기자(記者)들에게 하나님의 계시(啓示, Revelation)와 하나님의 영감(靈感, Inspiration)과 하나님의 이상(異像, Vision)과 하나님께서 보여주신 꿈(Dream) 또는 하나님께서 직접적인 명령(命令, Command)으로 성경을 기록하게 하셨다.

이 말은 곧 성경은 사람의 작품(作品)인이나 기록문서가(記錄文書) 아니라 하나님께서 친히 제작(製作)하셔서 친수(親手)로 기록하신 십계명(十誡命, The Ten Commandments)를 비롯하여 약 30 여명의 기자(記者)들이 동원(動員) 되기는 했으나 이 성경이 곧 하나님의 뜻이요 하나님의 언약(言約)으로서 전적으로 하나님의 것이기 때문에 어떠한 경우에도 잘못이 있을 수 없다.

그런데도 이 성경에 대하여 자기의 짧은 연구(硏究)와 식견(識見)으로 시비를 하고 비판을 하여 반대(反對)를 한다는 것은 처음부터 그 사람은 하나님의 사람이 아니고, 기독교 신앙인도 아니며, 하나님 앞에서 용서함을 받을 수 없는 구원 밖의 사람이라는 것을 자증(自證)함일 뿐이다.

"너희가 성경에서 영생을 얻는 줄 생각하고 성경을 상고하거니와 이 성경이 곧 내게 대하여 증거 하는 것이로다"(요5:39)

"너희는 여호와의 책을 자세히 읽어 보라 이것들이 하나도 빠진 것이 없고 하나도 그 짝이 없는 것이 없으리니 이는 여호와의 입이 이를 명하셨고 그의 신이 이것들을 모으셨음이라"(사 34:16)

# 2

## 성경의 독자성(獨自性)과 인격성(人格性)

우리가 성경을 대할 때에 우선 성경의 독자성(獨自性)과 인격성(人格性)을 인정하고 성경을 대해야 한다. 왜냐하면 성경은 스스로의 독자성과 인격성(人格性)을 가지고 있어서 설혹 사람들이 이 성경을 거부(拒否)하고 불신(不信)하여 받아들이지 않는 다고 할지라도 성경은 반드시 기록하신 말씀대로 실현(實現)시켜 나갈 것이라는 말이다.

하나님께서는 우주만물(宇宙萬物)을 하나님의 뜻대로 창조(創造) 하셨고 이것들이 하나님의 뜻을 따라서 운행(運行)되도록 하나님의 섭리(攝理)로 통치하신다.

만약에 이 세상에 되어 진 일들 가운데서 하나님께서 그의 창조(創造, Creation)로 발생시킨 것 이 외에 어떠한 것이나 인간으로서 발생시킨 것들이 하나라도 있으면 당당하게 제시해 보라. 인간의 연구(研究)나 구상(構想)은 이미 하나님께서 그의 창조로 발생시켜 놓은 것들 안에서만 이루어 낸 것일 뿐이다.

성경을 기록(記錄)한 연대(年代)의 기간(期間)이 약 1천 6백년 어간에 기록(記錄)된 것이라고 했다. 그러므로 자연히 표현이나 기록상의 표현의 방식은 다를 수 있다. 그러나 그 지니고 있는 내용에는 어떠한 경우에도 다름이 있을 수 없다.

사람들이 연구의 대상(對相)으로 하는 것이 철학(哲學)이나, 문학(文學)이나, 과학(科學)이나 예술(藝術) 같은 것들을 사람들이 구분을 지어 놓았을 뿐, 하나님을 떠나서는 설명될 수 없고 성경은 그것들을 다 포함(包含)하고 있다. 여기에서 성경학자(聖經學者)들의 연구방법이 더 깊고 넓어져야 한다는 것을 알게 한다.

**"하나님의 말씀은 살았고 운동력이 있어 좌우에 날선 어떤 검 보다도 예리하여 혼과 영과 및 관절과 골수를 찔러 쪼개기까지 하며 또 마음의 생각과 뜻을 감찰 하나니"(히4:12)**

"하나님 앞에는 음부도 드러나 멸망의 웅덩이도 가리움이 없음이니라 그는 북편 하늘을 허공에 펴시며 땅을 공간에 다시며 물을 빽빽한 구름에 싸시나 그 밑의 구름이 찢어지지 아니 하느니라"(욥26:6-8)

# 3

## 성경의 신적(神的)인 권위(權威)

성경의 신적(神的)인 권위(權威)를 알아두어야 한다는 것은 하나님의 교회에 발을 들여놓는 사람이면 다 알아야 할 절대절명(絕對絕命)의 신비적인 교훈(敎訓)이요, 신앙의 출발(出發)이 되어야 한다는 것을 전제로 감히 권해 드린다.

성경은 하나님의 계시(啓示, Revelation)요, 성경은 하나님의 말씀(The Word)이요, 성경은 하나님의 진리(眞理, Truth)요, 성경은 반드시 이루실 하나님의 언약(言約, Covenant)이라는 이 네 가지가 성경의 신적인 권위다. 모든 그리스도인의 인격적(人格的)인 요소만이 아니라 생활의 모든 것들이 다 이 성경에 기록되어 있다.

성경은 사람들에 대한 지식적(知識的)인 요소나 인격적(人格的)인 것들은 물론 사람들의 필요요구(必要要求)에 따르는 모든 것들의 어느 하나도 빠짐이 없이 다 성경에 기록되어 있다. 그런데도 연구하는 방법이 달라서 각각 구분을 하고 있을 뿐이다. 그러므로 특히 목사(牧師)들에게는 성경에 대한 더 적극적이고 많은 연구가 필요하다는 것을 말해 둔다.

그리고 믿음의 지식(知識)이 풍요(豊饒)롭지 못하다는 것은 성경에 대한 바른 이해(理解)나 지식(知識)이 부족하다는 것을 뜻하는 말이다. 창조주(創造主) 하나님께서는 6일 동안에 천지 만물을 만드셨다. 그리고 그가 창조(創造)로 발생시킨 모든 것들을 보시니, '하나님이 보시기에 심히 좋았더라'라고 하신 대로 전체가 다 심히 좋은 것들뿐이었다.

우리 인간들은 하나님이 보시기에 심히 좋은 것들을 찾아내기 위해서 모든 연구(硏究)에 임한다. 인간의 문화(文化, Culture)는 사람들이 먹는 음식(飮食)으로부터 시작 되었다. 성경을 통해서 본 대로 처음 사람들의 식물(食物)은 초식(草食)에 생식(生食)이었고 육식(肉食)은 노아 홍수(洪水) 이후에 주셨다 (창9:3)

그러나 하나님의 선민(選民)들에게는 구약 성경 시절에는 정(淨)한 것과 부정(不淨)한 것으로 구분되었는데 사도행전 10장13절에서 모든 육식(肉食)을 허락하셨다. 그리하여 우리는 좀 더 성경에 대한 깊은 연구로 생활의 방편을 삼아야 할 것이다.

> "하나님이 가라사대 내가 온 지면의 씨 맺는 모든 채소(菜蔬)와 씨가진 열매 맺는 모든 나무를 너희에게 주노니 너희 식물(食物)이 되리라"(And God said, "See, I have given you every herb that yields seed which is on the face of all the earth, and every tree whose fruit yields seed; to you it shall be for food. 창1:29)

"하나님이 그 지으신 모든 것을 보시니 보시기에 심히 좋았더라 저녁이 되며 아침이 되니 이는 여섯째 날이니라"(창1:31)

# 4
## 성경에 대한 내용구분(內容區分)

우선 성경은 구약 성경의 39권과, 신약 성경의 27권을 합해서 모두 66권이라는 것을 알 수 있다. 그런데 이 성경은 읽는 것과 찾는 것의 편의를 위해서 장(章)과 절(節)로 쪼개져 있다. 구약 성경은 총 39장에 929절, 23,109절로 되어 있고, 신약 성경은 총 27권에 260장, 7,958절로 되어 있다. 이를 모두 합하면 총 66권에 1,189장, 31,067로 되어있다.

그런데 구약 성경이나 신약 성경이 각각 같은 성격의 구성(構成)과 내용으로 구성되어져 있어서 일고 연구를 하는데 도움을 주고 있다.

## ① 구약 성경의 짜임새(39권)

| 구분 | 권수 | 내용 |
|---|---|---|
| 모세오경 | 5권 | 창세기, 출애굽기, 레위기, 민수기, 신명기 |
| 역사서 | 12권 | 여호수아, 룻기, 사사기 상하, 열왕기 상하, 역대기 상하, 에스라, 느헤미야, 에스더 |
| 시가서(詩歌書) | 6권 | 욥, 시편, 잠언, 전도, 아가, 예레미야애가 |
| 선지서(先知書) | 16권 | 이사야, 예레미야, 에스겔, 다니엘, 호세아, 요엘, 아모스, 오바댜, 요나, 미가, 나훔, 하박국, 스바냐, 학개, 스가랴, 말라기 |

## ② 신약 성경의 짜임새(27권)

| 구분 | 권수 | 내용 |
|---|---|---|
| 사복음서 | 4권 | 마태복음, 마가복음, 누가복음, 요한복음 |
| 역사서 | 1권 | 사도행전 |
| 서신(書信) | 21권 | 로마, 고린도 전 후, 갈라디아, 예배소, 빌립보, 골로새, 데살로니가 전/후, 디모데 전/후, 디도, 빌레몬 히브리, 야고보, 베드로 전/후, 요한 1/2/3, 유다 |
| 예언서 | 1권 | 요한 계시록 |

# 5

## 성경의 짜임새별 해설(解說)

　위에서 구약과 신약 성경의 짜임새를 알아보았다. 그런데 구약 성경이나 신약 성경의 짜임새가 한결같이 네 가지로 공통성(共通性)을 이루고 있다는 점이다. 물론 이는 처음부터 그렇게 기록한 것은 아니었으나, 기록된 성경을 수집(蒐集)한 다음 그렇게 정리를 한 것은 분명하다.

　그러나 현대인들이 보기에도 성경은 그 정리가 매우 합리적(合理的)으로 잘 되어 있다는 것을 알 수 있다. 그러므로 이제는 성경의 짜임새를 중심으로 성경이 지니고 있는 내용들을 간단히 해설을 하려고 한다.

### ① 구약 성경의 짜임새별 해설

### 1 모세 오경(五經 5권)

　일반적으로 모세가 쓴 오경(五經, 창세기, 출애굽기, 레위기, 민수기, 신명기)을 가리켜서 율법서(律法書)라고 말한다.

　그 이유는 하나님께서 모세에게 명하신 것으로서 천지창조(天地創造)로부터 시작하여 인근들이 하나님께 대하여 마땅히 행할 것과, 사람들끼리 마땅히 행하여야 할 기본 준칙들을(準則事項) 하나님의 법(法)으로 주신 것을 모세가 기록한 것들이다.

여기에는 하나님께서 친히 제작(製作)하여 친수(親手)로 쓰신 십계명(十誡命, Ten Commandments)을 비롯하여 도덕법(道德法)과, 종교적(宗敎的)인 행사(行事)를 위한 의식법(儀式法)과, 인간들의 시비(是非)를 가리는 재판상(裁判上) 시민법(市民法) 등으로 짜여져 있다.

그리하여 이 모세오경을 말하여 율법서(律法書)라고 하는데, 본래 율법(律法)이라는 것은 '하라, 하지 말라'라고 하는 강제규정(强制規定)으로서, 모세오경에 금지사항(禁止事項)으로 365개와, 권장사항(勸獎事項) 248개를 합하여 무려 613개나 된다.

하나님과의 관계성(關係性)을 유지하기 위해서는 하나님께서 주신 이러한 강제규정(强制規定)을 다 지켜야 하는데 이는 우리 인간으로서는 다 지킬 수 없다는 결론에 이르게 한다. 구약 성경만 하더라도 하나님께서 우리 인간들을 향해서 '하라, 하지 말라'라고 하신 강제명령(强制命令)은 십계명(十誡命)을 비롯하여 무려 1300가지가 넘는다.

그렇다면 하나님께서는 이 십계명만 하더라도 인간으로서는 다 지킬 수가 없는데 이토록 많은 강제규정을 주시고 우리 인간들로 하여금 지키라고 하셨을까하는 의문(疑問)이 생긴다. 여기에서 우리는 예수께서 십자가(十字架)에 죽어가실 때에 가상칠언(架上七言)의 여섯 번째로 하셨던 '다 이루었다'라고 하신 말씀의 뜻을 바로 알아야 할 이유가 있다 (요 19:30 참고)

때문에 우리는 하나님께서 모세 오경 곧 율법서를 통하여 우리에게 요구하신 뜻을 바로 알아두는 것이 좋다.

예수 그리스도만이 하나님의 요구(要求)에 충족(充足)을 시켜드릴 수 있고, 그것이 곧 십자가(十字架) 위에서 못 박혀 죽으심이다.

첫째는 하나님의 요구가 그렇다.

둘째는 하나님의 요구에 인간들이 다 따를 수 없으므로 죄인(罪人)이라는 것을 알아야 한다.

셋째는 하나님께서 인간을 위해서 하나님의 언약(言約)으로 허락하신 메시야(Messiah, Christ)가 다 이루어 주실 것이니 그를 믿기만 하면 된다.


## 2 역사서(歷史書 12권)

지금까지 이스라엘 민족(民族)을 애급에서 구해 내어 이끌어왔던 모세는 죽고, 그 다음에 이스라엘 백성을 이끌어 줄 여호수아로부터 시작되는 역사적(歷史的)인 사건(事件)들을 기록한 것이 역사서(歷史書)이다.

먼저는 집단적(集團的)이고 국가적인 사건으로 여호수아의 통치시대를 걸치게 하셨고, 그 후를 이어서 사사기 시대와, 사무엘을 마지막으로 과도기적(過渡期的)인 과정을 걸친 다음 군왕의 통치 시절이 이루어지는데 그것들을 열왕기 상,하서에 담게 하셨고, 그 다음에는 역대기 상하권으로 보충 설명을 하셨다.

하나님께서는 그의 종 모세가 죽은 다음에 여호수아를 일으켜서 하나님의 언약(言約)을 성취하게 하셨는데 그것들을 다음과 같이 요약한다.

첫째, 하나님께서는 모세의 뒤를 이어서 여호수아라는 인물을 이스라엘의 지도자로 세우셨다.

둘째, 하나님께서는 여호수아를 통해서 약속의 땅에 정착(定着)하도록 역사하셨다.

셋째, 하나님께서는 이스라엘 민족을 사사(師士)들의 통치시대로 만드셔서 과도기적(過渡期的)인 건국(建國)의 과정을 걸치게 하셨다.

넷째, 하나님께서는 사사들의 통치시대를 걸쳐서 군왕전제통치시대(君王專制統治時代)의 역사 시도로 이끄셨다.

다섯째, 하나님께서는 군왕 전제의 통치시절에 일어났던 역사적인 사건들의 시비와 잘 못을 깨달아 알도록 훈련 시키셨다.

그리고 하나님의 선민들이 하나님의 언약을 어기고 배신함으로 북방 바벨론으로 포로(捕虜)되어 가고 하나님의 성전이 불타버리게 하셨다.

여섯째, 하나님께서는 룻, 에스라, 느헤미야, 에스더와 같은 사람을 세워서 역사(歷史) 속에 개인적(個人的)으로 어떻게 섭리(攝理)하셨다는 것을 알게 하셨다.

일곱째, 하나님께서는 죄악(罪惡)으로 죽게 된 우리 인간들을 구속하시기 위해서, 국가적으로는 선민국(選民國) 이스라엘(Israel)이라고 하는 나라를 세우셨고, 개인적(個人的)으로는 천하(天下)를 주고도 바꿀 수 없는(마 16:26 참고) 사람들의 영혼을 구원하시기 위해서 어떻게 하셨다는 것을 알게 하셨고 예수 그리스도의 오심과 구속 사역은 그렇게 해서 역사적인 과정(過程)을 통해서 이루어지게 되었다는 것을 알게 하셨다.


## ❸ 지혜(智慧)의 글 시가서(詩歌書 6권)

우선 여기에서 알아야 할 것은 예레미야 애가서(哀歌書)를 예언서(豫言書)에 포함시켜야 할 것이냐, 아니면 시가(詩歌書)에 포함시켜야 할 것이냐로 갈라지나, 이는 그렇게 중요한 문제가 아니므로 각자의 자유에 맡기나 여기서는 시가서(詩歌書)에 포함시킨다.

하나님께서는 이 지혜(智慧)의 글인 시가서(詩歌書)를 통하여 우리 인간들의 구속을 위한 하나님의 마음을 읽게 하시고, 그것이 오실 예수 그리스도를 통해서 이루어 질 것을 지혜의 글로 예언(豫言)을 하시고 있다.


## ❹ 예언서(豫言書 16권)

하나님의 예언서(豫言書)는 선지자(先知者)들이 예언(豫言)한 내용(內容)과 질(質)을 중심으로, 이사야, 예레미야, 에스겔, 다니엘 등 네 사람을 대선지자(大先知者)로 구분하고, 호세아, 요엘, 아모스, 오바댜, 요나, 미가, 나훔, 하박국, 스바냐, 학개, 스가랴, 말라기 등 12명을 소선지자(小先知者)로 분류(分類)는 하고 있으나, 이는 예언의 내용이 아닌 예언의 성격과 책의 분량(分量)등을 참작하여 연구(硏究)의 편의상 그렇게 한 것이라는 점을 밝혀 둔다.

이 선지서를 통해서 우리 인간들이 살아가는 국가별, 또는 시대적인 상황의 다양성(多樣性)을 알게 하고, 그러나 하나님의 구속 계획(計劃)이나 하나님의 경륜(經綸)은 반드시 오실 예수 그리스도를 통해서 성취하시겠다는 것을 밝혀주고 있다.

그러므로 우리는 성경을 연구함에 있어서 무슨 책이나 장차 우리의 구주(救主) 오실 예수 그리스도를 중심으로 하고 있다는 것을 잊지 말아야 할 것이다.

## ② 신약 성경의 짜임새별 해설

구약 성경에 비하여 신약 성경은 훨씬 더 직접적(直接的)이고 적극적(積極的)인 의미에서 예수 그리스도를 소개해 주고 있다.

그 이유는 구약 성경을 통해서 약속하신 메시야(Messiah) 곧 예수 그리스도는 삼위일체(三位一體) 하나님의 제2위 신(神)으로서 친히 사람의 몸을 입으시고 도성인신(道成人身, Incarnation)하셔서 우리 가운데 오셨고, 그가 십자가(十字架) 위에 못 박혀서 죽으심과 죽음에서 살아나 다시 부활(復活) 하심, 부활하신 후 40일째 되는 날에 하늘로의 승천(昇天)하심과 하늘에 오르신 예수께서는 하나님의 보좌(寶座)에 앉으셨다가 다시 세상을 심판(審判)하시기 위해서 재림(再臨)하실 것과, 심판(審判)이 끝난 다음에는 믿는 자는 하나님과의 동거(同居)를 이루기 위해서 천국으로 인도하여 영생(永生)하게 하시고, 끝까지 믿지 않는 자들은 지옥(地獄)불에 던져서 영원한 형벌(刑罰) 아래 있게 하실 것과, 마지막으로 영원한 천국에서 구원 받은 하나님의 자녀들 곧 성도(聖徒)들이 누릴 천국(天國)에서의 자유(

自由)와 행복(幸福)을 말씀해 주고 있다.

이를 구분하여 신약 성경은 다름과 같이 하나님의 언약(言約)을 설명해 주고 있다.

## 1 복음서(福音書 4권)

신약 성경의 복음서는 마태복음, 마가복음, 누가복음, 요한복음 등 네 권으로 되어 있는데, 여기에는 예수 그리스도의 탄생(誕生)과 삶의 행적(行績), 말씀의 교훈(敎訓), 지니고 있는 교리상(敎理上)의 진리(眞理), 예수 그리스도의 약속(約束)들이 모두 소개되고 있다.

그런데 이 네 복음이 모두 한결같이 예수 그리스도에 대한 증거의 책(冊)으로서 공통적(共通的)인 통일(統一)을 이루고 있기 때문에 이들을 합해서 '공관복음(共觀福音)'이라고 한다. 기록한 사람이나 시대적인 환경이나 그들 신분상(身分上)의 위치가 다른데도 내용이 일치(一致)하고 같다는 것은, 하나님의 목적이 하나라는 것으로서 각각 표현상의 차이가 있을 뿐이라는 것을 알게 한다.

더구나 그것들이 약속이라도 한 듯 구약 성경의 예언과도 일치(一致)하다는 것은 하나님의 뜻이 같다는 말과도 같다함이다. 사복음서(四福音書)를 통해서 보는 예수 그리스도의 생애(生涯)는 모두 33년간 정도로 이해하고 있다. 그 가운데서 사생(私生)은 30년간 정도에 그치고 공생애(公

生涯)도 겨우 30년 정도에 불과하다.

그러나 예수 그리스도께서는 그 짧은 기간에 우리 인간들이 바라고 기다리는 모든 것을 다 이루셨고, 하나님의 구속언약(救贖言約)을 다 성취하셨다. 그리고 우리 인간들에게 요구하신 하나님의 뜻은 오직 '믿음' 하나일 뿐이었다. 그런데도 하나님으 뜻을 따라서 믿는 믿음의 요구에 따르지 못하기 때문에 더 많은 가르침이 필요하셨기 때문에 더 많은 성경을 통하여 깨닫게 하시려고 하셨다.

   "오직 이것을 기록함은 너희로 예수께서 하나님의 아들 그리스도이심을 믿게 하려 함이요 또 너희로 믿고 그 이름을 힘입어 생명을 얻게 하려 함이니라"(요 20:31)

   "예수의 행하신 일이 이 외에도 많으나 만일 낱낱이 기록된다면 이 세상이라도 이 기록된 책을 두기에 부족할 줄 아노라"(요 21:25)

## 2 역사서(歷史書 1권)

신약 성경의 역사서(歷史書)는 사도행전 한 권에 불과하다.

그러나 이 사도행전을 통하여, 예수께서 세우신 사도(使徒)들을 중심으로 성도(聖徒)들이 모여서 하나님의 교회를 어떻게 시작하게 되었는가 하는 교회의 역사(歷史)를 알게 한다.

기독교의 교회역사(敎會歷史)가 시작 된 것은 예수 그리스도께서 하늘로 승천(昇天)하신 다음, 예루살렘(Jerusalem)에 있는 마가 요한의 다락방에 모인 120 문도(門徒)에게 임하신 오순절(五旬節, Pentecost)날의 성령(聖靈)의 강임으로부터 시작 되었다.

예수님의 약속대로 보혜사성령(保惠師聖靈)께서는 오셨고 성령의 능력(能力)을 받은 성도들은 각지(各地)로 흩어져서 하나님의 복음(福音)을 전파하게 되었고, 그 복음을 받아들이고 예수를 믿고 회개(悔改)하여 예수께로 돌아 온 성도들을 중심으로 하나님의 교회가 이루어지게 되었다는 것을 사도행전에서 증언을 해 주고 있다.

사도행전 1장에서 8장까지는 주로 예수 그리스도의 승천과, 오순절날의 성령 강림과, 성령의 능력을 받은 사도(使徒)들이나 하나님의 성도(聖徒)들이 어떻게 복음을 전파하여 하나님의 교회를 세우게 되었다는 것을 기록하고 있다.

그리고 사도행전 9장부터 28장까지는 사울이라고 하는 청년이 어떻게 유대교를 버리고 예수 그리스도에게로 돌아와서 하나님의 사도로 세우심을 입게 되었고, 그를 통하여 전 세계를 상대로 하나님의 복음(福音)이 전파 되었다는 것과 그 복음을 듣고 믿는 자들을 모아서 하나님의 교회를 세웠다는 역사(歷史)가 기록되어 있다.

**"사도와 같이 모이사 저희에게 분부하여 가라사대 예루살렘을 떠나지 말고 내게 들은바 아버지의 약속하신 것을 기다리라"**(행 1:4)

"오직 성령이 너희에게 임하시면 너희가 권능을 받고 예루살렘과 온 유대와
사마리아와 땅 끝까지 이르러 내 증인이 되리라 하시니라"(행1:8)


## 3 서신(書信 21권)

여기에서 말하는 서신(書信)이라고 함은 곧 편지(便紙)를 뜻하는 말이다.

이 편지의 내용을 보면 개인(個人)을 비롯하여 교회(敎會)와 흩어져 있는
전체의 성도(聖徒)들을 상대로 해서 보내진 것으로 해석(解釋) 된다. 그런
데 모두 21편으로 되어있는 이 서신(書信)들 가운데, 7편을 제외한 14편
이 사도 바울에 의한 것으로 되어있다.

이렇게 많은 성경을 기록한 사도(使徒) 바울의 서신(書信)은,
첫째는 교리서신(敎理書信)으로 로마서, 고린도 전 후서, 갈라디아서 등
네 권으로 되어있고,
둘째는 옥중서신(獄中書信)으로서, 에배소, 빌립보, 골로세, 빌레몬서등
네권을 들고 있으며,
셋째는 목회서신(牧會書信)으로 디모데 전 후서, 디도서로서 이 세 권은
전적으로 목회자(牧會者)들을 위한 편지로 이해하고 있다.
넷째는 일반서신(一般書信)으로서 데살로니가 전 후서의 두권을 들고
있다.

사도 바울의 서신(書信)을 제외한 히브리서를 비롯하여 야고보서, 베

드로 전 후서, 요한 1, 2, 3서와 유다서 등을 모두 합쳐서 공동(共同)서신(書信)이라고 하여 그 당시 소아시아 지방에 흩어져 이는 일반 성도들을 상대로 써서 보낸 서신으로 알고 있다.

그런데 이 가운데서도 히브리서만은 기자가 분명치 않으므로 사도 바울의 편지라고 하기도 하고, 혹 더러는 다른 사람을 기자(記者)로 말을 하기도 하나 아직도 이에 대한 확답(確答)을 내리지 못하고 있는 것이 사실이다.


**4 예언서**(豫言書, 요한 계시록(啓示錄 한권)

신약 성경에서 예언서(豫言書)는 오직 요한 계시록(啓示錄) 한권이 다이다.

그러나 요한 계시록 한권의 내용은 우선 예수 그리스도의 재림(再臨)을 앞두고, 인류 역사의 종말기(終末期)에 되어질 일들을 비롯하여, 예수 그리스도의 재림(再臨)과, 하나님의 심판(審判)과, 심판 후에 장차 전개될 천국(天國)과 지옥(地獄)에 대한 것은 물론 영원한 메시야 왕국(王國) 곧 천국에 대한 것을 소개하고 있으며, 구약이나 신약에 약속된 하나님의 언약의 총결산서(總決算書)라고도 할 수 있다.

# 6

## 성경 기록의 목적(目的)

지금까지 우리는 성경의 내용을 중심으로 그 구조론(構造論) 곧 성경의 짜임새에 대한 것을 대략으로나마 살펴보았다.

그렇다면 하나님께서는 무슨 목적으로 이러한 성경을 기록하도록 하셨을까 하는 성경 기록의 목적(目的)을 알아야 할 것이다.

이에 대한 대답은 여러 가지일 것이나 우선 성경이 말씀하고 있는 그대로를 알아보는 것이 가장 정확한 답이 될 것으로 안다.

> "너희가 영생을 얻는줄 생각하고 성경을 상고 하거니와 이 성경이 곧 내게 대하여 증거 하는 것이로다"(요5:39)

> "오직 이것을 기록함은 너희로 예수께서 하나님의 아들 그리스도이심을 믿게 하려 함이요 또 너희로 믿고 그 이름을 힘입어 생명을 얻게 하려 함이니라"(요 20:31)

> "내가 하나님의 아들의 이름을 믿는 너희에게 이것을 쓴 것은 너희로 하여금 너희에게 영생이 있음을 알게 하려 함이라"(요일 5:13)

> "시몬 베드로가 대답하여 가로되 주는 그리스도시오 살아계신 하나님의 아들이시니이다"(마16:16)

> "그 안에서 너희로 진리의 말씀 곧 너희의 구원의 복음을 듣고 그 안에서 또한 믿어 약속의 성령으로 인 치심을 받았으니 이는 우리의 기업에 보증이되사 그 얻으신 것을 구속하시고 그의 영광을 찬미하게 하려 하심이라"(엡1:13-14)

"다른 이로서는 구원을 얻을 수 없나니 천하 인간에 구원을 얻을만한 다른 이름을 주신 일이 없음이니라"(행4:12)

"아들이 있는 자에게는 생명이 있고 하나님의 아들이 없는 자에게는 영생이 없느니라 내가 하나님의 아들의 이름을 믿는 너희에게 이것을 쓴 것은 너희로 하여금 너희에게 영생이 있음을 알게 하려 함이라"(요일5:12-13)

"가로되 주 예수를 믿으라 그리하면 너와 네 집이 구원을 얻으리라하고"(행 16:31)

# 7

# 성경말씀을 대하는 태도(態度)

참으로 하나님을 알고 예수 그리스도를 구주(救主)로 믿는 사람이라면 먼저 성경을 대하는 태도부터 달라야 할 것이다. 이는 외적(外的)으로나 내적(內的)인 태도(態度)와 마음가짐이 일반 사람들과는 달라야 한다는 말이다.

외적(外的)으로 볼 때에 성경은 기독교의 경전(經典)이다. 자기 종교의 경전을 소홀(疏忽)하게 다루는 사람이 어찌 그 종교의 신앙심(信仰心)이 강할 수 있겠는가! 또한 내적(內的)으로 볼 때에 성경은 살아계신 하나님의 말씀이다. 하나님의 말씀을 함부로 대하는 사람이 어찌 참된 그리스도인이라고 할 수 있겠는가!

The Christianity and The Bible

성경을 대하는 태도(態度)에 대해서도 구구한 설명이 필요 없이 성경 말씀 그대로를 소개 하겠다.

"진실로 너희에게 이르노니 천지가 없어지기 전에는 율법의 일점일획이라도 없어지지 아니하고 다 이루리라"(마5:18)

"사람이 등불을 켜서 말 아래 두지 아니하고 등경 위에 두나니 이러므로 집안 모든 사람에게 비취느니라"(마5:15)

"천지는 없어지겠으나 내 말은 없어지지 아니 하리라"(마24:35)

"그러나 율법의 한 획이 떨어짐 보다 천지의 없어짐이 쉬우리라"(눅16:17)

"모든 성경은 하나님의 감동으로 된 것으로 교훈과 책망과 바르게 함과 의로 교육하기에 유익하니 이는 하나님의 사람으로 온전케 하며 모든 선한 일을 행하기에 온전케 하려 함이니라(딤후 3:16-17)

"이 예언의 말씀을 읽는 자와 듣는 자들과 그 가운데 기록한 것을 지키는 자들이 복이 있나니 때가 가까움이라"(계1:3)

"내가 이 책의 예언의 말씀을 듣는 각인에게 증거 하노니 만일 누구든지 이것들 외에 더하면 하나님이 이 책에 기록된 재앙들을 그에게 더하실 터이요 만일 누구든지 이 책의 예언의 말씀에서 제하여 버리면 하나님이 이 책에 기록된 생명나무와 및 거룩한 성에 참예함을 제하여 버리시리라"(계22:18-19)

"너희는 여호와의 책을 자세히 읽어 보라 이것들이 하나도 그 짝이 없는 것이 없으리니 이는 여호와의 입이 이를 명 하셨고 그의 신이 이것들을 모으셨음이라"(사34:16)

# 8

## 신앙생활에 도움을 주는 성경 구절들

성경은 살아계신 하나님의 말씀으로서 신적(神的)인 권위(權威)를 가진 다는 것을 이미 말한바 있다. 그러나 하나님의 사람으로 이 세상을 살아가는 동안 수많은 사건(事件)이나 역경(逆境)에 처할 수 있을 것이다. 그럴 때마다 하나님의 말씀인 성경을 찾아보면 살아계신 하나님께서 말씀으로 나에게 격려(激勵)와 위로(慰勞), 책망(責望), 어떻게 하라는 교훈(教訓)의 말씀을 주실 것이다.

그러므로 여기에서는 단 몇 가지만이라도 골라서 우리가 이 세상을 살아가는 동안에 하나님의 말씀대로 살으라는 뜻에서 여기에 성경말씀으로 안내해 드린다.

| 상 황 | 성 경 말 씀 |
|---|---|
| 어려운 일을 당하고 있을 때에 | 시50:15, 잠24:10, 16 |
| 기도에 힘이 없어졌을 때에 | 마6:5-13, 막11:24, 눅11:5-13 |
| 사업에 실패하고 있을 때에 | 고후5:1-11 |
| 감사할 일이 생겼을 때에 | 골3:15-17, 눅17:11-19 |
| 병이 났을 때에 | 마8:14-17, 고후12:7-10, 약5:14-16 |
| 결혼을 하기 전에 | 마19:4-6, 엡5:22-23 |
| 생일을 당했을 때에 | 엡6:1-3, 시23:1-6, 90:1-11 |
| 이사를 했을 때에 | 마7:24-27, 시119:54 |
| 부부 사이가 원만하지 못할 때에 | 고전13:1-8 |

찬송 ......................................................................................

1    나의 갈길 다 가도록 예수 인도하시니
    내 주 안에 있는 긍휼 어찌 의심 하리요
    믿음으로 사는 자는 하늘 위로 받겠네
    무슨 일을 만나든지 만사형통 하리라
    무슨 일을 만나든지 만사형통 하리라

2    나의 갈길 다 가도록 예수 인도 하시니
    어려운 일 당한 때도 족한 은혜 주시네
    나는 심히 고단하고 영혼 매우 갈하나
    나의 앞의 반석에서 샘물나게 하시네
    나의 앞의 반석에서 샘물나게 하시네

3    나의 갈길 다 가도록 예수 인도 하시니
    그의 사랑 어찌 큰지 말로 할 수 없도다
    성령 감화 받은 영혼 하늘나라 갈 때에
    영영 부를 나의 찬송 예수 인도 하시네
    영영 부를 나의 찬송 예수 인도 하시네

# 제5장

# 바른
# 신앙생활 信仰生活

현대를 살아가는 기독교인들의 신앙생활은 분명히 성경대로 재검토 (再檢討)하여 바로 잡아야 한다. 너무 지나칠 정도로 의식(儀式)과 제도화 (制度化)하여 성경적인 바른 신앙을 찾아볼 수 없다.

한결같이 외식(外飾)에 젖어서 그 결과 하나님의 교회가 아닌 '우리 교회 운동'으로 바꾸어진지 오래다. 특히 대형교회를 맡아서 목회(牧會)를 하고 있는 목사(牧師)들의 개오각성(改悟覺醒)과 참회(懺悔)를 촉구(促求)한다.

분명한 것은 지금과 같은 우리 한국교회는 전혀 성경의 진리와는 상관이 없는 길로 가고 있기 때문이다. 예수께서는 말씀하시기를 "인자가 올 때에 세상에서 믿음을 보겠느냐?"라고 비관적인 말씀을 하셨다.

지금 우리 한국교회의 기독교 운동은 예수님과는 전혀 상관이 없는 목사(牧師)를 위한 기독교 운동으로 이용(利用)을 당하고 있다는 말이다. 양(羊)의 탈을 뒤집어쓰고 하나님의 양(羊)들이 뛰노는 우리 안에 들어와서 하나님의 양(羊)들을 늑탈(勒奪)하고 노략(虜掠)질 하는 사람이 누구겠느냐 하는 것을 알아야 한다. 이렇게 꼬집는 것은 다분히 감정적(感情的)이라는 비판과 반대를 받게 될 것임으로 성경대로 말하겠다.

"그러므로 우리가 믿음으로 의롭다 하심을 얻었은즉 우리 주 예수 그리스도로 말미암아 하나님으로 더불어 화평을 누리자"(롬 5:1)

"이런 사람은 세상이 감당치 못하도다 저희가 광야와 산중과 암혈과 토굴에서 유리하였느니라"(히11:38)

"너희가 말세에 나타내기로 예비하신 구원을 얻기 위하여 믿음으로 말미암아 하나님의 능력으로 보호하심을 입었나니 그러므로 너희가 이제 여러 가지 시험을 인하여 잠간 근심하게 되지 않을 수 없었으나 오히려 크게 기뻐하는도다"(벧전1:5-6)

"너희가 다 믿음으로 믿음으로 말미암아 그리스도 예수 안에서 한 하나님의 아들이 되었으니 누구든지 그리스도와 합하여 세례를 받은 자는 그리스도로 옷 입었느니라"(갈3:26-27)

"믿음이 없이는 기쁘시게 못하나니 하나님께 나아가는 자는 반드시 그가 계신 것과 또한 그가 자기를 찾는 자들에게 상 주시는 이심을 믿어야 할지니라"(히11:6)

"너희가 세상에 속하였으면 세상이 자기의 것을 사랑할 터이나 너희는 세상에 속한 자가 아니요 도리어 세상에서 나의 택함을 입은 자인고로 세상이 너희를 미워하느니라"(요13:19)

"보라 너희가 다 각각 제 곳으로 흩어지고 나를 혼자 둘 때가 오나니 벌써 왔도다 그러나 내가 혼자 있는 것이 아니라 아버지께서 나와 함께 계시느니라 이것을 너희에게 이름은 너희로 내 안에서 평안을 누리게 하려 함이라 세상에서는 너희가 환난을 당하나 담대하라 내가 세상을 이기었노라 하시니라"(요16:32-33)

"믿음은 바라는 것들의 실상이요 보지 못한 것들의 증거니 선진들이 이로써 증거를 얻었느니라"(히11:1-2)

"예수께서 대답 하시되 진실로 진실로 너희에게 이르노니 사람이 물과 성령으로 나지 아니하면 하나님 나라에 들어갈 수 없느니라"(요3:5)

"너희에게 성령을 주시고 너희 가운데서 능력을 행하시는 이의 일이 율법의 행위에서냐? 듣고 믿음에서냐? 아브라함이 하나님을 믿으매 이것을 그에게 의로 정하셨다 함과 같으니라"(갈 3:5-6)

"복음에는 하나님의 의가 나타나서 믿음으로 믿음에 이르게 하나니 기록된바 오직 의인은 믿음으로 말미암아 살리라 함과 같으니라"(롬1:17)

# 1
# 어떻게 성경적인 신앙생활을 할 것인가!

"너희가 믿음에 있는가 너희 자신을 시험하고 너희 자신을 확증하라 예수 그리스도께서 너희 안에 계신 줄을 너희가 스스로 알지 못 하느냐?"(고후13:5)

분명히 현대를 살아가는 그리스도인들은 자기의 신앙생활을 스스로 다시 한 번 점검(點檢)을 해 보아야 할 때가 왔다.

예배당에 다니는 것과 예수를 믿는다는 것은 다르다. 예배당에 다닌다는 것은 사람 앞에 보이기 위함이나 예수를 믿는다는 것은 하나님 앞에 보이기 위함이다. 성경적인 믿음은 예배당에 다니는 것이 아니라 예수를 믿는 것이 되어야 한다.

제 아무리 교회의 중직(重職)을 맡았다고 할지라도 그것으로 하나님과의 교감(交感)은 이루어질 수 없다. 지금 우리가 몸을 담고 있는 유형교회 안에는 예수 그리스도와 영적인 관계가 없고, 죽음에 이르게 될 자가 많이 있다.

임박한 예수 그리스도의 재림(再臨)과 하나님의 심판(審判)을 앞두고 우리는 하나님 앞에서 죄인(罪人)으로서의 진실한 회개(悔改)만이 하나님 앞에 나아갈 수 있다. 우리가 믿는다고 하는 것은 곧 그에게 모든 것을 맡기고 의지(依支) 함이다.

우리가 하나님을 향한 믿음은 아브라함으로부터 시작되었다. 그래서 우리는 아브라함(Abraham)을 일컬어서 '믿음의 조상(祖上)'이라고 한다. 우리 믿음의 조상(祖上) 아브라함은 하나님의 명령(命令)에 죽도록 순종(順從)하고, 자기의 생명(生命)을 드리는 충성(忠誠)의 희생(犧牲)을 다 바쳤다. 여러 가지의 말을 생략하고 믿음에 대한 성경의 진리(眞理) 그대로를 알아본다.

> **"여호와께서 아브람에게 이르시되 너는 너의 본토 친척 아비 집을 떠나 내가 네게 지시할 땅으로 가라"(창12:1)**

> **"스데반이 가로되 여러분 형제들이여 들으소서 우리 조상 아브라함이 하란에 있기 전 메소보다미아에 있을 때에 영광의 하나님이 그에게 보여 가라사대 네 고향과 친척을 떠나 내가 네게 보일 땅으로 가 하시니 아브라함이 갈대아 사람의 땅을 떠나 하란에 거하다가 그 아비가 죽으매 하나님이 그를 거기서 시방 거하는 이 땅으로 옮기셨느니라 그러나 여기서 발붙일 만큼도 유업을 주지 아**

니 하시고다만 이 땅을 아직 자식도 없는 저와 저의 씨에게 소유로 주신다고 약속하셨으며 하나님이 또 이 같이 말씀하시되 그 씨가 다른 땅에 나그네 되리니 그 땅 사람이 종을 삼아 400년 동안을 괴롭게 하리라 하시고 또 가라사대 종 삼는 나라를 내가 심판하리니 그 후에 저희가 나와서 이곳에서 나를 섬기리라 하시고 할례의 언약을 아브라함에게 주셨더니 그가 이삭을 낳아 여드레만에 할례를 행하고 이삭이 야곱을 야곱이 우리 열두 조장을 낳으니 여러 조상이 요셉을 시기하여 애굽에 팔았더니 하나님이 저와 함께 계셔 그 모든 환난에서 건져내사 애굽 왕 바로 앞에서 은총과 지혜를 주시매 바로가 저를 애굽과 자기 온 집의 치리자로 세웠느니라"(행7:2-10)

"나라이 임하옵시며 뜻이 하늘에서 이룬 것 같이 땅에서도 이루어 지이다"(마 6:10)

"조금 나아가서 얼굴을 땅에 대시고 엎드려 기도하여 가라사대 내 아버지여 만일 할만하시거든 이 잔을 내게서 지나가게 하옵소서 그러나 나의 원대로 마옵시고 아버지의 원대로 하옵소서 하시고"(마26:39)

"너희 안에 이 마음을 품으라 곧 그리스도 예수의 마음이니 그는 근본 하나님의 본체시나 하나님과 동등 됨을 취할 것으로 여기지 아니하시고 오히려 자기를 비어 종의 형체를 가져 사람들과 같이 되었고 사람의 모양으로 나타나셨으매 자기를 낮추시고 죽기까지 복종하셨으니 곧 십자가에 죽으심이라"(빌2:5-8)

"누구든지 자기 십자가를 지고 나를 좇지 않는 자도 능히 나의 제자가 되지 못하리라"(눅14:27)

"자기 생명을 사랑하는 자는 잃어버릴 것이요 이 세상에서 자기 생명을 미워하는 자는 영생하도록 보존 하리라"(요12:25)

"나의 달려갈 길과 주 예수께 받은 사명 곧 하나님의 은혜의 복음 증거 하는

일을 마치려 함에는 나의 생명을 조금도 귀한 것으로 여기지 아니하노라"(행 20:24)

"이에 임금이 대답하여 가라사대 내가 진실로 너희에게 이르노니 이 지극히 작은 자 하나에게 하지 아니한 것이 곧 내게 하지 아니한 것이니라 하시니 저희는 영벌에 의인들은 영생에 들어가리라 하시니라"(마25:45-46)

"하나님을 찬미하며 또 온 백성에게 칭송을 받으니 주께서 구원 받는 사람을 날마다 더하게 하시니라"(행2:49)

"믿는 자들에게는 이런 표적이 따르리니 곧 저희가 내 이름으로 귀신을 좇아 내며 새 방언을 말하며 뱀을 집으며 무슨 독을 마실지라도 해를 받지 아니하며 병든 사람에게 손을 얹은즉 나으리라 하시니라"(막16:17~18)

"돈을 사랑함이 일만 악의 뿌리가 되나니 이것을 사모하는 자들이 미혹을 받아 믿음에서 떠나 많은 근심으로 자기를 찔렀도다 오직 너 하나님의 사람아 이 것들을 피하고 의와 경건과 믿음과 사랑과 인내와 온유를 좇으며 믿음의 선한 싸움을 싸우라 영생을 취하라 이를 위하여 네가 부르심을 입었고 많은 증인 앞에서 선한 증거를 증거 하였도다"(딤전6:10-12)

"네가 이것을 알라 말세에 고통하는 때가 이르리니 사람들은 자기를 사랑하며 돈을 사랑하며 자긍하며 교만하며 훼방하며 부모를 거역하며 감사치 아니하며 거룩하지 아니하며 무정하며 원통함을 풀지 아니하며 참소하며 절제하지 못하며 사나우며 선한 것을 좋아 아니하며 배반하여 팔며 조급하며 자고하며 쾌락을 사랑하기를 하나님 사랑하는 것보다 더하며 경건의 모양은 있으나 경건의 능력은 부인하는 자니 이 같은 자들에게 서 네가 돌아서라"(딤후3:1~5)

# 2

## 믿음과 기도와 전도(傳道)의 사명(使命)

　성경은 믿음의 사람에게는 생명의 호흡(呼吸)과 같은 기도(祈禱)를 해야
할 것이고 그 다음에는 다른 사람에게 복음(福音)의 전도(傳道)를 필수조
건으로 말씀하고 있다. 그런데 현대를 살아가는 그리스도인들에게서
성경적인 진정한 기도와 전도자를 찾아보기가 어렵다는 것이다. 물론
형식(形式)과 돈으로는 잘하고 있는 것 같으나 성경적인 믿음의 행위는
아닌 것 같다.

　이는 비판을 하기 위함이 아니라, 하나님 앞에서 나와 너와 그가 새
로 태어나기 위한 삶을 위한 말이다. 분명히 이렇게 해서는 안되겠다는
안타까운 충정에서 하는 말이다.

> "요한이 세례 받으러 나오는 무리에게 이르되 독사의 자식들아 누가 너희를
> 가르쳐 장차 올 진노를 피하라 하더냐 그러므로 회개에 합당한 열매를 맺고 속
> 으로 아브라함이 우리 조상이라 말하지 말라 내가 너희에게 이르노니 하나님이
> 능히 이 돌로도 아브라함의 자손이 되게 하시리라 이미 도끼가 나무뿌리에 놓
> 였으니 좋은 열매맺지 아니하는 나무마다 찍혀 불에 던지우리라"(눅3:7~9)

　이는 초림(初臨)하신 주 예수 그리스도의 공중사역을 앞두고 행한 세
례(洗禮) 요한의 외침이요, 참 선지자(先知者)의 안타까운 부르짖음이었다.
예수 그리스도의 재림(再臨)을 앞두고 특히 우리 한국교회가 '이래서는
안 되겠다'라고 하는 애절한 마음을 담아서 여기에 호소(呼訴)한다.

분명히 예수께서는 우리에게 "너희는 세상의 소금이요 빛이니라"라고 말씀하셨고 또한 "너희 빛을 세상에 비치게 하여 사람들로 너희 착한 행실을 보고 하늘에 계신 너희 아버지께 영광을 돌리게 하라"라고 말씀하셨다.

그런데 지금 우리 한국교회는 그와는 정반대(正反對)로 "기록된 바와 같이 하나님의 이름이 너로 인하여 이방인 중에서 모독을 받는 도다"라고 하신 말씀대로 역주행(逆走行)을 하고 있다. 입으로는 전도(傳道)를 부르짖고 있으나 속으로는 하나님, 예수님, 성령님, 기독교라는 이름으로 자기의 실리(實利)를 챙기고 있다고 말해야겠다.

하나님의 복음(福音)을 전도(傳道)하는 일은 입으로만 하는 것이 아니라 필수적으로 생활이 따라야 하고 요식적(要式的)인 행사가 아니라 믿음의 실상(實狀)을 함께 가져야 한다. 대부분의 신학자(神學者)들에게서 믿음의 실상을 찾아볼 수 없었다면 그들은 하나님까지도 자기의 이성적인 판단(判斷)이나 지성(知性) 속에 끌어넣어 버렸다.

그것은 성경적인 믿음도 아니고, 성경적인 신학(神學)도 아니다. 기복적(祈福的)인 믿음으로 내세(來世)나 천국(天國)이 멀어진지 오래다. 이것들도 역시 성경 말씀을 중심으로 다시 검토(檢討)해보자.

첫째는 하나님께 부르짖는 기도(祈禱)가 없고, 다음에는 믿음의 실상(實狀)이 없기 때문에 성경대로의 신자(信者)가 되어있지 못하다는 증거(證據)이다. 성경에서 말씀하고 있는 믿음은 신비(神秘)하고도 영적(靈的)인

현실이다. 그런데도 기도가 전혀 부족하고 생활신앙의 실상(實狀)이 없이 이성적(理性的)인 판단과 자기의 머리로 기독교를 이해하고 설명하려는 착각(錯覺)에 빠져있다. 그러므로 이에 대한 설명(說明)이나 이론적인 해설(解說)보다는 성경말씀을 그대로 제시하여 각자의 판단에 맡기려고 한다.

"또 너희가 기도할 때에 외식하는 자와 같이 되지 말라 저희는 사람에게 보이려고 회당과 큰 거리 어귀에 서서 기도하기를 좋아 하느니라 내가 진실로 너희에게 이르노니 저희는 자기상을 이미 받았느니라 너는 기도할 때에 네 골방에 들어가 문을 닫고 은밀한 중에 계신 네 아버지께 기도하라 은밀한 중에 보시는 네 아버지께서 갚으시리라 또 기도할 때에 이방인과 같이 중언부언 하지 말라 저희는 말을 많이 하여야 들으실줄 생각 하느니라 그러므로 저희를 본받지 말라 구하기 전에 너희에게 있어야 할 것을 하나님 너희 아버지께서 아시느니라 그러므로 너희는 이렇게 기도하라 하늘에 계신 우리 아버지여 이름이 거룩히 여김을 받으시오며 나라이 임하옵시며 뜻이 하늘에서 이룬 것 같이 땅에서도 이루어지이다 오늘날 우리에게 일용할 양식을 주옵시고 우리가 우리에게 죄 지은 자를 사하여 준 것 같이 우리 죄를 사하여 주옵시고 우리를 시험에 들게 하지 마옵시고 다만 악에서 구하옵소서 나라와 권세와 영광이 아버지께 영원히 있사옵나이다 아멘"(마6:3~13)

"쉬지 말고 기도하라"(살전5:17)

"예수께서 그 손을 잡아 일으키시니 이에 일어서니라 집에 들어가시매 제자들이 종용히 묻자오되 우리는 어찌하여 능히 그 귀신을 쫓아내지 못하였나이까 이르시되 기도 외에 다른 것으로는 이런 유가 나갈 수 없느니라 하시니라"(막9:27~29)

"하나님 앞과 산자와 죽은 자를 심판하실 그리스도 예수 안에서 그가 나타나실 것과 그의 나라를 두고 엄히 명 하노니 너는 말씀을 전파하라 때를 얻든지 못 얻든지 항상 힘쓰라 범사에 오래 참음과 가르침으로 경책하며 경계하며 권하라"(딤후4:1~2)

"오직 믿음으로 구하고 조금도 의심하지 말라 의심하는 자는 바람에 밀려 요동하는 바다 물결 같도다 이런 사람은 무엇이든지 주께 얻기를 생각하지 말라 두 마음을 품어 모든 일에 정함이 없는 자로다"(약1:6-8)

"내가 진실로 너희에게 이르노니 누구든지 이 산더러 들리어 바다에 던지우라 하며 그 말하는 것이 이룰 줄 믿고 마음에 의심치 아니하면 그대로 되리라"(막11:23)

"다니엘이 이 조서에 어인이 찍힌 것을 알고도 자기 집에 돌아가서는 그 방의 예루살렘으로 향하여 열린 창에서 전에 행하던 대로 하루 세 번씩 무릎을 꿇고 기도하며 그의 하나님께 감사 하였더라"(단6:10)

그런데 우리가 반드시 알아야 할 것이 있다. 우리가 하나님께 기도하고 구한다고 해서 다 들어주시고 못할 것이 없다고 생각하면 안 된다. 왜냐 하면 우리가 기도하고 구한 것이 하나님의 뜻에 맞아야 한다는 점이다.

다윗 왕 같이 하나님과 직통(直通)했던 군왕이었다고 할지라도 그가 밧세바와의 사이에 얻은 아들이 병들었을 때에 식음(食飮)을 전폐하고 하나님께 금식기도(禁食祈禱)를 했으나 하나님께서는 그 기도를 들어주시지 않고 아이를 죽여 버리셨다.

그런데 문제는 그렇게 된 다음에 다윗 왕은 자기의 기도를 들어주시지 않은 하나님께 오히려 감사(感謝)하고 하나님을 찬양했다. 하나님께서는 그러한 다윗 왕의 믿음을 보시고 다시 그에게 지혜(智慧)의 왕(王) 솔로몬(Solomon)을 그의 후계자(後繼者)로 주셨고 선지자(先知者) 나단을 보내서 위로하셨다.

우리는 기도를 할 때에 첫째는 하나님의 뜻을 중심으로 아뢰어야 할 것이며 결코 자기의 사욕(私慾)을 채우기 위한 것이 되어서는 안 된다. 하나님께서는 우리가 하는 믿음의 기도만 들어 주신다.

> "가로되 아이가 살았을 때에 내가 금식하고 운 것은 혹시 여호와께서 나를 불쌍히 여기사 아이를 살려주실는지 누가 알까함이니라 시방은 죽었으니 어찌 금식하랴 내가 다시 돌아오게 할 수 있느냐 나는 저에게로 가려니와 저는 내게로 돌아오지 아니 하리라 다윗이 그 처 밧세바를 위로하고 저에게 들어가 동침하였더니 저가 아들을 낳으매 그 이름을 솔로몬이라 하니라 여호와께서 그를 사랑하사 선지자 나단을 보내사 그 이름을 여디디야라 하시니 이는 여호와께서 사랑하심을 인함이더라"(삼하12:22~25)

# 3

# 믿음과 헌금(獻金)

하나님께 드리는 성도들의 헌금(獻金)은 예수 그리스도의 십자가(十字架)에 못 박혀 죽으심의 희생제물(犧牲祭物)과도 같은 뜻을 갖는다. 그런데 현대 교회(敎會)와 현대의 성도(聖徒)들이 하나님께 드린다는 헌금(獻金)에 대한 인식(認識)이 아주 잘못 가고 있다.

현대인들이 아무리 물질만능(物質萬能)의 자본주의시대(資本主義時代)를 살아간다고 할지라도 모든 것을 돈을 기준(基準)하여 복(福)을 논한다는 기복적(祈福的)인 신앙의 사상(思想) 자체가 잘못 되어 있다. 하나님을 내가 드리는 헌금의 액수(額數)로 단정하지 말아야 한다.

헌금(獻金)은 하나님께 내가 드리는 물질의 제물(祭物)이지 결코 축복의 기준(基準)도 아니요, 위력(威力)도 아니다. 교회마다 돈이 떨어지고 아쉬우면 부흥회(復興會)를 열어야 한다는 잘못도 고쳐야 한다. 심령부흥사경회(心靈復興查經會)로 모여야 할 뿐이다.

하나님께 드리는 헌금(獻金)은 하나님의 은혜가 너무도 감사해서 물질로 드리는 '감사의 제물'이라는 이상의 뜻은 없다. 돈이 없으면 없는 대로 하나님 앞에 빈손 들고 나아가서 눈물로 꿇어 엎드리자. 하나님의 마음은 그의 성도들이 흘리는 눈물을 보시고 기뻐하시며 긍휼(矜恤)을 베푸신다.

하나님의 인휼(仁恤)이나 자비(慈悲)는 그의 성도들이 흘리는 눈물을 보시고 응답(應答)하신다. 하나님의 보심과 받으심은 헌금(獻金)이라는 돈의 액수(額數)가 아니라 그의 마음이다.

"땅의 십분 일 곧 땅의 곡식이나 나무의 과실이나 그 십분 일은 여호와의 것이니 여호와의 성물이라"(레27:30)

"각 사람이 네 하나님 여호와의 주신 복을 따라 그 일대로 물건을 드릴지니라"(신16:17)

"오직 너희를 위하여 보물을 하늘에 쌓아두라 거기는 좀이나 동록이 해하지 못하며 도적이 구멍을 뚫지도 못하고 도적질도 못하느니라 네 보물 있는 그 곳에는 네 마음도 있느니라"(마 6:20~21)

"예수께서 말씀하시되 이 형상과 글이 뉘 것이냐 가로되 가이사의 것이니이다 이에 가라사대 그런즉 가이사의 것은 가이사에게 하나님의 것은 하나님께 바치라 하시니 저희가 이 말씀을 듣고 기이히 여겨 예수를 떠나 가니라"(마 22:21~22)

"베드로가 가로되 아나니아야 어찌하여 사단이 네 마음에 가득하여 네가 성령을 속이고 땅값 얼마를 감추었느냐 땅이 그대로 있을 때에는 네 땅이 아니며 판 후에도 네 임의로 할 수가 없더냐 어찌하여 이 일을 네 마음에 두었느냐 사람에게 거짓말 한 것이 아니라 하나님께 로다"(행5:3~4)

"이 은혜와 성도 섬기는 일에 참여함에 대하여 우리에게 간절히 구하니 우리의 바라던 것 뿐 아니라 저희가 먼저 자신을 주께 드리고 또 하나님의 뜻을 좇아 우리에게 주었도다"(고후8:4~5)

"각각 그 마음에 정한대로 할 것이요 인색함으로나 억지로 하지말지니 하나님은 즐겨 내는 자를 사랑 하시느니라"(고후9:7)

"네 재물과 네 소산물의 처음 익은 열매로 여호와를 공경하라 그리하면 네 창고가 가득히 차고 네 즙 틀에 새 포도즙이 넘치리라"(잠3:9~10)

"만군의 여호와가 이르노라 너희 열조의 날로부터 너희가 나의 규례를 떠나 지키지 아니하였도다 그런즉 내게로 돌아오라 그리하면 나도 너희에게로 돌아가리라 하였더니 너희가 이르기를 우리가 어떻게 하여야 돌아가리이까 하도다 사람이 어찌 하나님의 것을 도적질 하였느냐? 그러나 너희는 나의 것을 도적질 하고도 말하기를 우리가 어떻게 주의 것을 도적질 하였나이까 하도다 이는 곧 십일조와 헌물이라 너희 곧 온 나라가 나의 것을 도적질 하였으므로 너희가 저주를 받았느니라 만군의 여호와가 이르노라 너희의 온전한 십일조를 창고에 들여 나의 집에 양식이 있게 하고 그것으로 나를 시험하여 내가 하늘 문을 열고 너희에게 복을 쌓을 곳이 없도록 붓지 아니하나 보라"(말3:6~10)

# 4

# 믿음과 성경(聖經)

현대판 기독교 운동은 어떤 종파주의(宗派主義)나 교단별(敎團別)의 행사(行事, Event)로 과시(誇示)하는 것 같다. 말로는 성경이 하나님의 말씀이라고 하면서 현대 교회의 교인이라고 하는 사람들은 이미 성경에서 떠나간지 오래인 것 같다. 믿음은 예배당에 다니는 것으로 바뀌어졌고 하나님의 교회는 이미 우리 교회로 돌아 섰으며, 영원한 천국 대신 이 세상에서의 부귀영화(富貴榮華)를 목표로 하고 살아가는 것 같다.

그래서 예수께서는 미리 말씀하시기를, "… 인자가 올 때에 세상에서 믿음을 보겠느냐"라고 탄식조(歎息調)로 말씀하신 것 같다 (눅18:8 참고)

그러나 성경을 중심으로 하지 않는 기독교 운동은 진정 기독교 운동이 아니다. 성경을 떠난 믿음은 믿음이 아니다. 아무리 행사가 성대하고 꾸밈이 요란할지라도 그것은 모두가 사람에게 보이기 위한 눈요기나 전시(展示)의 효과 이상은 없다. 세상 사람들은 예배당에 다니는 사람들이 꼴 보기 싫어서 욕을 하고 따르기를 싫어하며 예수를 안 믿겠다고 한다.

예배당에 다니는 사람들 때문에 하나님의 이름이 이방인(異邦人)들에게서 욕을 먹고 있다(롬2:24) 성경의 진리(眞理)는 신학자(神學者)라고 하는 사람들에 의해서 학문적인 연구(硏究)의 대상은 되었을 찌라도 믿음의 실상(實狀)을 증거하는 하나님의 말씀으로서의 권위는 상처(傷處)를 받고 있다.

예배당에 다니는 사람들은 이미 맘몬(Mammon) 신(神)의 노예(奴隷)가 되어 버렸다. 하나님의 종이라고 하는 목사(牧師)들은 이미 양(羊)의 탈을 쓰고 우리 안에 들어와서 하나님의 양떼들을 노략질하는 이리떼가 되어 버렸다.

성경에서 멀어진 기독교는 기독교가 아니다. 성경적인 믿음이 아니고는 하나님을 기쁘시게 할 믿음이 아니다. 요한 계시록(啓示錄)에는 하나님께서 인(印)을 떼실 때에, 팔을 부실 때에 금 대접을 쏟으실 때에 나

타날 말세(末世)의 징조(徵兆)들을 자세히 말씀하셨다 (계6장부터 17장까지 참고)

지금 지구(地球)는 온난화(溫煖化)의 시련(試鍊)에, 미세(微細) 먼지의 고통(苦痛)에, 삼한사온(三寒四溫)의 없어짐을 보고도 깨닫지 못하고 있다. 이제는 사시계절(四時季節)이 없어져도 깨닫지 못하므로 코로나 바이러스 19(Corona virus 19)라는 역병(疫病)으로 때리셨다.

그런데도 사람들은 아직 깨닫지 못하고 있으며 목사(牧師)들의 입은 침묵(沈黙)으로 일관하고 있다. 현대인들만큼 성경을 떠난 기독교 운동이 언제 또 있었으며 참 믿음을 찾아보기가 어려운 시기가 또 있었던가!

현대를 살아가는 사람들 가운데 예배당에 다니는 사람들은 기도를 한답시고 하나님께 '주시요, 주시요'만 구걸(求乞)을 한다. 전지전능(全知全能)하신 하나님께서는 우리가 구하기 전에 먼저 우리에게 있어야 할 것을 알고 계신다고 하셨다(마6:8 참고)

성경을 통해서 생각할 때에 분명히 현대를 살아가는 기독교 운동은 성경에서 떠나 너무도 멀리 가버렸다. 오직 한가지의 길이 있고 방법이 있다면 성경말씀을 따라서 회개하고 하나님께로 돌아가는 길이 있을 뿐이다. 그리하여 현대 그리스도인들의 잘 못된 기도에 대해서 대략 다음과 같이 지적을 하면서 회개를 촉구한다.

첫째, 하나님의 전지전능(全知全能) 하심을 진정 믿는가?
둘째, 하나님과 나와의 부자관계를 바로 알고 믿는가?

셋째, 하나님의 뜻을 이루기 위함이 아닌 나의 욕심을 챙기려는 것이 과연 하나님께 드리는 참 기도인가?

넷째, 내가 하는 기도 말이 나의 말인가 하나님의 말씀인가?

다섯째, 나의 욕심(慾心)을 채우기 위한 기도가 참된 기도인가?

여섯째, 주님께서 가르쳐 주신 기도를 바로 믿고 있는가?

일곱째, 과연 내가 예수를 믿는 사람인가, 예배당에 다니는 사람인가?

**"이 때부터 예수께서 비로소 전파하여 가라사대 회개하라 천국이 가까웠느니라 하시더라"**(마4:17)


# 5
## 믿음과 찬송(讚頌)

우리가 노래를 부른다는 것은 하나님께 드리는 '소리의 예배'로 무슨 소리나 하나의 조화(調和)를 율(律)로 하여 흘러내면 그것이 곧 음악(音樂)이요 하나님께 드리는 '찬송(讚頌)의 예배(禮拜)가 된다. 본래 음악(音樂)이라고 하는 것은 자기가 신봉(信奉)하는 신(神)께 드리는 제사의전(祭祀儀典)의 하나였다. 그리하여 음악학적(音樂學的)으로 부르는 노래와, 예배학적(禮拜學的)인 의미에서 부르는 찬송(讚頌)은 같은 것 같으면서 다르다.

그런데도 현대인들은 이를 구분하지 못하고, 그저 음악학적(音樂學的)

인 의미에서 부르는 노래가 하나님께 드리는 찬송으로 착각(錯覺)을 하고 있다. 현대인들은 하나님께 드리는 찬송이 음악학적으로 합격(合格)을 하면 되는 것으로 잘 못 알고 있다.

마음가짐과 의복차림이 하나님께 드리는 예배와는 상관없이 하나의 기교에만 정신을 잘 못 쏟고 있다. 온갖 악기(樂器)가 다 동원되고, 음악학적(音樂學的)인 기교(技巧)가 다 동원(動員)되어있다. 그러나 아직도 하나님께 드리는 찬송에는 미치지 못하며 신령과 진정으로 드리는 예배와는 거리가 멀다.

아무리 둔탁(鈍濁)한 소리라도 하나님께 드리는 예배의 찬송은 영적(靈的)인 감동(感動)과 능력(能力)을 일으킨다.

> "하나님이여 내 마음을 정하였사오니 내가 노래하며 내 심령으로 찬양하리로다 비파와 수금아 깰지어다 내가 새벽을 깨우리로다 여호와여 내가 만민 중에서 주께 감사하고 열방 중에서 주를 찬양 하오리다"(시108:1~3)

> "그리스도의 말씀이 너희 속에 풍성히 거하여 모든 지혜로 피차 가르치며 권면하고 시와 찬미와 신령한 노래를 부르며 마음에 감사함으로 하나님을 찬양하고 또 무엇을 하든지 말에나 일에나다 주 예수의 이름으로 하고 이를 힘입어 하나님 아버지께 감사하라"(골3:16~17)

> "여호와는 광대하시니 크게 찬양할 것이라 그의 광대하심을 측량치 못 하리로다"(시104:3)

> "하나님의 종 모세의 노래 어린 양의 노래를 불러 가로되 주 하나님 곧 전능하신이시여 하시는 일이 크고 기이하시 도다 만국의 왕이시여 주의 길이 의롭

고 참되시도다 주여 누가 주의 이름을 두려워하지 아니하며 영화롭게 하지 아니하오리이까 오직 주만 거룩하시니이다 주의 의로우신 일이 나타났으매 만국이 와서 주께 경배하리이다 하더라"(계15:3~4)

찬송 ·································································· (시148:1~5)

할렐루야

하늘에서 여호와를 찬양하며 높은데서 찬양할 지어다

그의 모든 사자여 찬양하며

모든 군대여 찬양할 지어다

해와 달아 찬양하며

하늘 위에 있는 물들도 찬양할 지어다

그것들이 여호와의 이름을 찬양할 것은

저가 명하시매

지음을 받았음이로다

# 제6장

# 성경에
# 대하여

성경에 대한 지식(知識)은 곧 성경말씀대로의 바른 믿음을 위해서이다. 특히 현대 그리스도인들은 기도(祈禱)는 많이 한다고 하면서 하나님의 말씀인 성경과는 너무도 거리가 먼 것 같다.

그것은 내가 하는 말과 하나님의 말씀에 대한 이해의 부족과 함께 성경에 대한 가치를 모르고 있다는 말과도 같아서 여기에서는 성경을 기록한 기자(記者)와 기록한 연대(年代), 그리고 그 성경의 주제(主題)와 내용(內容)을 각 책(冊)대로 간단히 소개하려고 한다.

# 1

## 구약성경(舊約聖經)

| 창세기<br>創世記<br>Genesis | 기자 (記者, Writer) | 민족의 해방자 모세(Moses) |
|---|---|---|
| | 연대 (年代, An Age) | BC 1450-BC 1410 |
| | 주제 (主題, The Subject) | 하나님의 천지창조 및 히브리 민족의 기원(起源) |

| 출애굽기<br>出埃及記<br>Exodus | 기자 (記者, Writer) | 민족의 해방자 모세(Moses) |
|---|---|---|
| | 연대 (年代, An Age) | BC 1450-BC 1410 |
| | 주제 (主題, The Subject) | 해방과 구속언약 |

| 레위기<br>利未記<br>Leviticus | 기자 (記者, Writer) | 민족의 해방자 모세(Moses) |
|---|---|---|
| | 연대 (年代, An Age) | BC 1450-BC 1410 |
| | 주제 (主題, The Subject) | 제사로 하나님께 나아가라 |

| 민수기<br>民數記<br>Numbers | 기자 (記者, Writer) | 민족의 해방자 모세(Moses) |
|---|---|---|
| | 연대 (年代, An Age) | BC 1450-BC 1410 |
| | 주제 (主題, The Subject) | 백성의 수를 계수하라 |

| 신명기<br>申命記<br>Deuteronomy | 기자 (記者, Writer) | 민족의 해방자 모세(Moses) |
|---|---|---|
| | 연대 (年代, An Age) | BC 1450-BC 1410 |
| | 주제 (主題, The Subject) | 히브리인의 법(法) |

| 여호수아<br>Joshuah | 기자 (記者, Writer) | 민족의 해방자 모세(Moses) |
|---|---|---|
| | 연대 (年代, An Age) | BC 1400년경부터 1370년 사이 |
| | 주제 (主題, The Subject) | 가나안 땅을 정복하라 |

| 사사기<br>士師記<br>Judges | 기자 (記者, Writer) | 민족의 해방자 모세(Moses) |
|---|---|---|
| | 연대 (年代, An Age) | BC 1050년경부터 1000년 사이 |
| | 주제 (主題, The Subject) | 이스라엘이라는 나라 건설의 과도기 |

| 룻기<br>路得記<br>Ruth | 기자 (記者, Writer) | 사무엘(Samuel) |
|---|---|---|
| | 연대 (年代, An Age) | BC 1050년경부터 1000년 사이 |
| | 주제 (主題, The Subject) | 다윗 왕의 계보에서 나실 메시야 |

| 사무엘상<br>撒母耳記上<br>1 Samuel | 기자 (記者, Writer) | 이스라엘의 국부(國父) 사무엘 |
|---|---|---|
| | 연대 (年代, An Age) | BC 1050년경부터 1000년 사이 |
| | 주제 (主題, The Subject) | 이스라엘 왕국의 성립 |

| 사무엘하<br>撒母耳記下<br>2 Samuel | 기자 (記者, Writer) | 이스라엘의 국부(國父) 사무엘 |
|---|---|---|
| | 연대 (年代, An Age) | BC 1050년경부터 1000년 사이 |
| | 주제 (主題, The Subject) | 제2대 왕 다윗의 통치시대 |

| 열왕기상<br>列王記上<br>1 Kings | 기자 (記者, Writer) | 율법학자(律法學者) 에스라 |
|---|---|---|
| | 연대 (年代, An Age) | BC 550년 경 |
| | 주제 (主題, The Subject) | 제3대 왕 솔로몬의 통치시대 |

| 열왕기하<br>列王記下<br>2 Kings | 기자 (記者, Writer) | 율법학자(律法學者) 에스라 |
|---|---|---|
| | 연대 (年代, An Age) | BC 550년 경 |
| | 주제 (主題, The Subject) | 분열 왕국의 통치와 바벨론 포로(捕虜) |

| 역대상<br>歷代上<br>1 Chronicles | 기자 (記者, Writer) | 율법학자(律法學者) 에스라 |
|---|---|---|
| | 연대 (年代, An Age) | BC 550년 경 |
| | 주제 (主題, The Subject) | 다윗 왕의 통치(統治) |

| | | |
|---|---|---|
| **역대하**<br>歷代下<br>2 Chronicles | 기자 (記者, Writer) | 율법학자(律法學者) 에스라 |
| | 연대 (年代, An Age) | BC 550년 경 |
| | 주제 (主題, The Subject) | 솔로몬 왕 후<br>남왕국(南王國)의 역사(歷史) |

| | | |
|---|---|---|
| **에스라**<br>以斯拉記<br>Ezra | 기자 (記者, Writer) | 율법학자(律法學者) 에스라 |
| | 연대 (年代, An Age) | BC 550년 경 |
| | 주제 (主題, The Subject) | 바벨론 포로에서의 귀환 |

| | | |
|---|---|---|
| **느헤미야**<br>尼希米記<br>Nehemiah | 기자 (記者, Writer) | 총독(總督) 느헤미야 |
| | 연대 (年代, An Age) | BC 445년경 |
| | 주제 (主題, The Subject) | 예루살렘 성의 재건 |

| | | |
|---|---|---|
| **에스더**<br>以斯帖記<br>Esther | 기자 (記者, Writer) | 모르드게 혹은 에스더 |
| | 연대 (年代, An Age) | BC 465년경 |
| | 주제 (主題, The Subject) | 하나님의 보호(保護) |

| | | |
|---|---|---|
| **욥기**<br>約伯記<br>Job | 기자 (記者, Writer) | 욥 |
| | 연대 (年代, An Age) | BC 1500년경 |
| | 주제 (主題, The Subject) | 욥의 인내신앙(忍耐信仰) |

| | | |
|---|---|---|
| **시편**<br>詩篇<br>Psalms | 기자 (記者, Writer) | 도합 150편<br>(다윗왕 72편, 헤만 1편, 모세 1편,<br>에단 1편, 솔로몬 왕 2편,<br>고라 자손 11편, 아삽 12편,<br>무명인 50편) |
| | 연대 (年代, An Age) | BC 1500년경부터 500년까지 |
| | 주제 (主題, The Subject) | 신선민(神選民)의 기도와 찬송 |

| 잠언 箴言 Proverbs | 기자 (記者, Writer) | 솔로몬 왕(王) |
| | 연대 (年代, An Age) | BC 950년경 |
| | 주제 (主題, The Subject) | 솔로몬 왕의 지혜(智慧) |

| 전도서 傳道書 Ecclesiastes | 기자 (記者, Writer) | 솔로몬 왕(王) |
| | 연대 (年代, An Age) | BC 935년경 |
| | 주제 (主題, The Subject) | 하나님의 선민(選民)기도(祈禱)와 찬송(讚頌) |

| 아가서 雅歌書 Song of Solomon | 기자 (記者, Writer) | 솔로몬 왕(王) |
| | 연대 (年代, An Age) | BC 965년경 |
| | 주제 (主題, The Subject) | 부부애(夫婦愛) 그리스도와 교회 |

| 이사야 以養亞倻 Isaiah | 기자 (記者, Writer) | 이사야 선지자(先知者) |
| | 연대 (年代, An Age) | BC 700년경 |
| | 주제 (主題, The Subject) | 오실 메시야(Messiah)에 대한 계시(啓示) |

| 예레미야 耶利米揶 Jeremiah | 기자 (記者, Writer) | 예레미야 선지자(先知者) |
| | 연대 (年代, An Age) | BC 607년경 |
| | 주제 (主題, The Subject) | 예루살렘 구출의 마지막 |

| 예레미야 애가 耶利米哀歌 Lamentations | 기자 (記者, Writer) | 예레미야 선지자(先知者) |
| | 연대 (年代, An Age) | BC 586년경 |
| | 주제 (主題, The Subject) | 예루살렘 패망(敗亡)의 비가(悲歌) |

| 에스겔 以西結 Ezekiel | 기자 (記者, Writer) | 예레미야 선지자(先知者) |
| | 연대 (年代, An Age) | BC 592년경 |
| | 주제 (主題, The Subject) | 하나님의 공의와 사랑 |

| 다니엘 | 기자 (記者, Writer) | 다니엘 선지자(先知者) |
|---|---|---|
| 但以理<br>Daniel | 연대 (年代, An Age) | BC 537년경부터 534년경 사이 |
| | 주제 (主題, The Subject) | 바벨론 포로중에서 예언 |

| 호세아 | 기자 (記者, Writer) | 호세아 선지자(先知者) |
|---|---|---|
| 何西阿<br>Hosea | 연대 (年代, An Age) | BC 725년경 |
| | 주제 (主題, The Subject) | 이스라엘의 배신과 하나님의 긍휼(矜恤) |

| 요엘서 | 기자 (記者, Writer) | 요엘 선지자(先知者) |
|---|---|---|
| 約珥書<br>Joel | 연대 (年代, An Age) | BC 857년경 |
| | 주제 (主題, The Subject) | 성령시대의 예언(豫言) |

| 아모스 | 기자 (記者, Writer) | 아모스 선지자(先知者) |
|---|---|---|
| 阿摩司<br>Amos | 연대 (年代, An Age) | BC 760년경 |
| | 주제 (主題, The Subject) | 다윗 왕 계보의 최후 승리 |

| 오바댜 | 기자 (記者, Writer) | 오바댜 선지자(先知者) |
|---|---|---|
| 俄巴底亞<br>Obadiah | 연대 (年代, An Age) | BC 586년경 |
| | 주제 (主題, The Subject) | 에돔의 멸망(滅亡)과 시온의 승리(勝利) |

| 요나 | 기자 (記者, Writer) | 요나 선지자(先知者) |
|---|---|---|
| 約拿<br>Jonah | 연대 (年代, An Age) | BC 800년경 |
| | 주제 (主題, The Subject) | 니느웨 성의 구원(救援) |

| 미가 | 기자 (記者, Writer) | 미가 선지자(先知者) |
|---|---|---|
| 彌迦<br>Micah | 연대 (年代, An Age) | BC 700년경 |
| | 주제 (主題, The Subject) | 메시아의 베들레헴 탄생(誕生)을 예언 |

| 나훔<br>那鴻<br>Nahum | 기자 (記者, Writer) | 나훔 선지자(先知者) |
|---|---|---|
| | 연대 (年代, An Age) | BC 660년경 |
| | 주제 (主題, The Subject) | 니느웨 성의 멸망(滅亡) |

| 하박국<br>哈巴谷<br>Habakkuk | 기자 (記者, Writer) | 하박국 선지자(先知者) |
|---|---|---|
| | 연대 (年代, An Age) | BC 630년경 |
| | 주제 (主題, The Subject) | 의인은 믿음으로 살리라 |

| 스바냐<br>西番雅<br>Zephaniah | 기자 (記者, Writer) | 스바냐 선지자(先知者) |
|---|---|---|
| | 연대 (年代, An Age) | BC 620년경 |
| | 주제 (主題, The Subject) | 깨끗한 입술이 오시리라 |

| 학개<br>哈該<br>Haggai | 기자 (記者, Writer) | 학개 선지자(先知者) |
|---|---|---|
| | 연대 (年代, An Age) | BC 520년경 |
| | 주제 (主題, The Subject) | 성전재건(聖殿再建) |

| 스가랴<br>撒迦利亞<br>Zechariah | 기자 (記者, Writer) | 스가랴 선지자(先知者) |
|---|---|---|
| | 연대 (年代, An Age) | BC 520년경 |
| | 주제 (主題, The Subject) | 하나님의 위로(慰勞) |

| 말라기<br>瑪拉基<br>Malachi | 기자 (記者, Writer) | 말라기 선지자(先知者) |
|---|---|---|
| | 연대 (年代, An Age) | BC 440년경 |
| | 주제 (主題, The Subject) | 최후(最後)의 경고(警告) |

# 2
## 신약성경(新約聖經)

| 마태복음<br>馬太福音<br>Matthew | 기자 (記者, Writer) | 사도(使徒) 마태 |
|---|---|---|
| | 연대 (年代, An Age) | 주후60-70년 사이 |
| | 주제 (主題, The Subject) | 예수는 메시야 (王) |

| 마가복음<br>馬可福音<br>Mark | 기자 (記者, Writer) | 바나바의 생질(甥姪) 마가 |
|---|---|---|
| | 연대 (年代, An Age) | 주후 60-63년경 |
| | 주제 (主題, The Subject) | 위대하신 예수 (종) |

| 누가복음<br>路加福音<br>Luke | 기자 (記者, Writer) | 의사(醫師) 누가 |
|---|---|---|
| | 연대 (年代, An Age) | 주후 60-63년경 |
| | 주제 (主題, The Subject) | 인자하신 예수 (人子) |

| 요한복음<br>約翰福音<br>John | 기자 (記者, Writer) | 사도(使徒) 요한 |
|---|---|---|
| | 연대 (年代, An Age) | 주후 85-90년경 |
| | 주제 (主題, The Subject) | 하나님의 아들 예수 (神子) |

| 사도행전<br>使徒行傳<br>Acts | 기자 (記者, Writer) | 의사(醫師) 누가 |
|---|---|---|
| | 연대 (年代, An Age) | 주후 61-63년경 |
| | 주제 (主題, The Subject) | 신약 교회의 시작 |

| 로마서<br>羅馬書<br>Romans | 기자 (記者, Writer) | 사도(使徒) 바울 |
|---|---|---|
| | 연대 (年代, An Age) | 주후 58년경 |
| | 주제 (主題, The Subject) | 믿음으로 의롭게 됨 |

| 고린도전서 哥林多前書 1 Corinthians | 기자 (記者, Writer) | 사도(使徒) 바울 |
|---|---|---|
| | 연대 (年代, An Age) | 주후 55-57년경 |
| | 주제 (主題, The Subject) | 교회의 질서(秩序) |

| 고린도후서 哥林多後書 2 Corinthians | 기자 (記者, Writer) | 사도(使徒) 바울 |
|---|---|---|
| | 연대 (年代, An Age) | 주후 56-57년경 |
| | 주제 (主題, The Subject) | 성도(聖徒)의 위로(慰勞) |

| 갈라디아서 加拉太書 Galatians | 기자 (記者, Writer) | 사도(使徒) 바울 |
|---|---|---|
| | 연대 (年代, An Age) | 주후 55-56년경 |
| | 주제 (主題, The Subject) | 바울의 사도직 변명 |

| 에배소서 以弗所書 Ephesians | 기자 (記者, Writer) | 사도(使徒) 바울 |
|---|---|---|
| | 연대 (年代, An Age) | 주후 62년경 |
| | 주제 (主題, The Subject) | 교회의 단결(團結) |

| 빌립보서 誹立比書 Philippians | 기자 (記者, Writer) | 사도(使徒) 바울 |
|---|---|---|
| | 연대 (年代, An Age) | 주후 63년경 |
| | 주제 (主題, The Subject) | 선교자(宣敎者)의 편지 |

| 골로세서 歌羅書 Colossians | 기자 (記者, Writer) | 사도(使徒) 바울 |
|---|---|---|
| | 연대 (年代, An Age) | 주후 62년경 |
| | 주제 (主題, The Subject) | 예수 그리스도의 신성(神性) |

| 데살로니가전서 帖撒羅尼迦前書 1 Thessalonians | 기자 (記者, Writer) | 사도(使徒) 바울 |
|---|---|---|
| | 연대 (年代, An Age) | 주후 51년경 |
| | 주제 (主題, The Subject) | 주님의 재림에 대한 확신 |

| 데살로니가후서<br>帖撒羅尼迦後書<br>2 Thessalonians | 기자 (記者, Writer) | 사도(使徒) 바울 |
| --- | --- | --- |
| | 연대 (年代, An Age) | 주후 53년경 |
| | 주제 (主題, The Subject) | 주님의 재림(再臨) |

| 디모데전서<br>提摩太前書<br>1 Timothy | 기자 (記者, Writer) | 사도(使徒) 바울 |
| --- | --- | --- |
| | 연대 (年代, An Age) | 주후 63-67년경 |
| | 주제 (主題, The Subject) | 목회자의 규례(規例) |

| 디모데후서<br>提摩太後書<br>2 Timothy | 기자 (記者, Writer) | 사도(使徒) 바울 |
| --- | --- | --- |
| | 연대 (年代, An Age) | 주후 66-67년경 |
| | 주제 (主題, The Subject) | 바울 사도의 최후 권면 |

| 디도서<br>提多書<br>Titus | 기자 (記者, Writer) | 사도(使徒) 바울 |
| --- | --- | --- |
| | 연대 (年代, An Age) | 주후 65-67년경 |
| | 주제 (主題, The Subject) | 교회의 직언선택 교훈 |

| 빌레몬<br>배(羆)리(利)문(門)<br>Philemon | 기자 (記者, Writer) | 사도(使徒) 바울 |
| --- | --- | --- |
| | 연대 (年代, An Age) | 주후 61-62년경 |
| | 주제 (主題, The Subject) | 도망간 노예의 회심(回心) |

| 히브리서<br>希伯來書<br>Hebrews | 기자 (記者, Writer) | 작자미상 또는 사도(使徒) 바울 |
| --- | --- | --- |
| | 연대 (年代, An Age) | 주후 67-68년경 |
| | 주제 (主題, The Subject) | 예수는 새 언약의 중보자 |

| 야고보서<br>雅各書<br>James | 기자 (記者, Writer) | 예루살렘 교회의 감독 야고보 |
| --- | --- | --- |
| | 연대 (年代, An Age) | 주후 50년경(혹 62년경) |
| | 주제 (主題, The Subject) | 실천적인 신앙 |

| **배드로전서**<br>彼得前書<br>1 Peter | 기자 (記者, Writer) | 사도(使徒) 베드로 |
|---|---|---|
| | 연대 (年代, An Age) | 주후 63-64년경 |
| | 주제 (主題, The Subject) | 수난 중에 교회의 위로 |

| **배드로후서**<br>彼得後書<br>2 Peter | 기자 (記者, Writer) | 사도(使徒) 베드로 |
|---|---|---|
| | 연대 (年代, An Age) | 주후 66-68년경 |
| | 주제 (主題, The Subject) | 배교자에 대한 경계 |

| **요한일서**<br>約翰一書<br>1 John | 기자 (記者, Writer) | 사도(使徒) 요한 |
|---|---|---|
| | 연대 (年代, An Age) | 주후 90년경 |
| | 주제 (主題, The Subject) | 그리스도인의 사랑 |

| **요한이서**<br>約翰二書<br>2 John | 기자 (記者, Writer) | 사도(使徒) 요한 |
|---|---|---|
| | 연대 (年代, An Age) | 주후 91년경 |
| | 주제 (主題, The Subject) | 부녀(婦女)들에게 권면 |

| **요한삼서**<br>約翰三書<br>3 John | 기자 (記者, Writer) | 사도(使徒) 요한 |
|---|---|---|
| | 연대 (年代, An Age) | 주후 91-92년경 |
| | 주제 (主題, The Subject) | 거짓 동역자 배척 |

| **유다서**<br>狛大書<br>Jude | 기자 (記者, Writer) | 야고보의 형제 유다 |
|---|---|---|
| | 연대 (年代, An Age) | 주후 66-70년경 |
| | 주제 (主題, The Subject) | 배교자의 경계(警戒) |

| **요한계시록**<br>啓示錄<br>Revelation | 기자 (記者, Writer) | 사도(使徒) 요한 |
|---|---|---|
| | 연대 (年代, An Age) | 주후 95-96년경 |
| | 주제 (主題, The Subject) | 예수 그리스도의 최후승리(最後勝利) |

# 제7장

# 성경에
# 나타난
# 이적들

본래 이적이라고 하는 것은 하나님의 신비(神秘)에 속한 것으로 전적으로 성령(聖靈)에 의해서만 이루어진다. 그러나 성경은 그 이적(異蹟)이 하나님의 구원(救援)에 속한 것이라고는 말씀하시지 않았다. 이적이라는 것은 하나님께서 그 사람과 함께 하신다는 것으로부터 시작하여 그것이 하나님의 뜻일 때에만 나타나는 것이다.

구약 성경에는 하나님의 이적(異蹟)이 124회나 나타났고, 신약 성경에는 예수께서 행하신 이적(異蹟)만도 무려 37회나 된다.

알고보면 '나의 나 된 것' 자체가 하나님의 이적에 속한 것이나 그러나 여기에서는 신학적(神學的)인 것을 제쳐놓고 성경에 나타난 이적(異蹟)만을 들어서 정리를 해 본다.

# 1

## 구약에 나타난 이적(異蹟)들

| 1 | 창19:24 | 소돔과 고모라 성의 멸망<br>➡ 여호와께서 사해 동편에서 행하심 |
|---|---------|----------------------------------------------------|
| 2 | 창19:26 | 롯의 아내가 소금기둥이 됨<br>➡ 여호와께서 사해 동편에서 행하심 |
| 3 | 출3:2 | 불에 타지 않는 가시덤불<br>➡ 여호와께서 호렙산에서 행하심 |
| 4 | 출4:2-4 | 지팡이가 뱀이 됨<br>➡ 여호와께서 모세를 통하여 행하심 |
| 5 | 출7:10 | 지팡이가 뱀이 됨<br>➡ 아론이 애굽왕 바로 앞에서 행함 |
| 6 | 출7:20 | 물이 변하여 피가 됨<br>➡ 아론이 애굽에서 행함 |
| 7 | 출8:6 | 개구리 재앙<br>➡ 아론이 애굽에서 행함 |
| 8 | 출8:17 | 티끌이 변하여 이가 됨<br>➡ 아론이 애굽에서 행함 |
| 9 | 출8:24 | 파리 재앙<br>➡ 여호와께서 애굽에서 행하심 |
| 10 | 출9:6 | 애굽의 육축에게 온역 재앙<br>➡ 여호와께서 애굽의 짐승들에게 행하심 |

| 11 | 출9:10 | 독종 재앙<br>➡ 모세가 애굽인에게 행함 |
|----|--------|---------------------------------|
| 12 | 출9:23 | 우박과 불의 재앙<br>➡ 모세가 애굽에서 행함 |
| 13 | 출10:15 | 메뚜기 재앙<br>➡ 모세가 애굽에서 행함 |
| 14 | 출10:22 | 흑암의 재앙<br>➡ 모세가 애굽에서 행함 |
| 15 | 출12:29 | 애굽인의 장자 죽음<br>➡ 여호와께서 애굽인에게 행하심 |
| 16 | 출14:21 | 홍해 바다가 갈라짐<br>➡ 모세가 지팡이를 쳐서 행함 |
| 17 | 출15:25 | 쓴 물이 달게 됨<br>➡ 모세가 마라 광야에서 행함 |
| 18 | 출16:13-14 | 하늘에서 만나가 내려오다<br>➡ 여호와께서 신 광야에서 행하심 |
| 19 | 출17:6 | 반석에서 생수가 나게하다<br>➡ 모세가 르비딤에서 행하다 |
| 20 | 레10:2 | 아비후와 나답이 불타 죽음<br>➡ 여호와께서 시내 산에서 행하심 |
| 21 | 민11:11 | 원망하는 백성의 영문에 불 재앙이 임하다<br>➡ 여호와께서 다베라에서 행하심 |
| 22 | 민16:30-35 | 땅이 갈라져서 죄인들 몰살<br>➡ 여호와께서 신 광야에서 행하심 |

| 23 | 민17:8 | 아론의 지팡이에 싹이 나게하심<br>➡ 여호와께서 가데스에서 행하심 |
|----|--------|-----------------------------------------|
| 24 | 민20:11 | 반석을 두 번 쳐서 물이 나게 하다<br>➡ 모세가 므리바에서 행함 |
| 25 | 민21:9 | 구리 뱀의 이적<br>➡ 모세가 호르 산에서 행함 |
| 26 | 민22:28-30 | 나귀가 말을 하다<br>➡ 여호와께서 브올에서 행하심 |
| 27 | 수3:16-17 | 요단강 물이 갈라짐<br>➡ 여호와께서 언약궤를 멘 제사장들을 통해서 행하심 |
| 28 | 수6:10 | 여리고 성의 함락<br>➡ 여호와께서 여리고 성에서 행하심 |
| 29 | 수10:3 | 기도로 태양을 멈추게 함<br>➡ 여호수아가 기브온에서 행함 |
| 30 | 삿6:19-21 | 반석에서 나온 불이 제물을 태우다<br>➡ 하나님의 천사가 오브라에서 행함 |
| 31 | 삿15:18-19 | 삼손의 기도로 샘물이 솟아남<br>➡ 여호와께서 엔학고레에서 행하심 |
| 32 | 삼상5:3-4 | 다곤이 언약궤 앞에 쓰러짐<br>➡ 여호와께서 이스돗에서 행하심 |
| 33 | 삼상6:19 | 언약궤를 엿보다 죽임을 당함<br>➡ 여호와께서 벳세메스에서 행하심 |
| 34 | 삼상7:10 | 우레로 불레셋 사람을 물리침<br>➡ 여호와께서 에벤에셀에서 행하심 |

Miracles in the Bible

| 35 | 삼상12:17-18 | 우레와 비를 내리게 함<br>➡ 사무엘이 길갈에서 행함 |
|---|---|---|
| 36 | 삼상28:13-19 | 죽은 사무엘이 올라 옴<br>➡ 신접한 여인이 엔돌에서 행함 |
| 37 | 삼하6:6-7 | 웃사가 언약궤를 만지다가 죽음<br>➡ 여호와께서 베레스웃사에서 행하심 |
| 38 | 왕상13:4 | 여로보암 왕의 손이 마름<br>➡ 하나님의 사람이 벧엘에서 행함 |
| 39 | 왕상13:6 | 기도로 왕의 손 회복<br>➡ 하나님의 사람이 벧엘에서 행함 |
| 40 | 왕상17:4-6 | 까마귀를 통해서 엘리야가 먹다<br>➡ 여호와께서 그릿 시냇가에서 행하심 |
| 41 | 왕상17:8-16 | 밀가루와 기름이 끊임이 없음<br>➡ 엘리야 선지자가 사르밧에서 행함 |
| 42 | 왕상17:19-22 | 과부의 죽은 아들을 살림<br>➡ 엘리야 선지자가 사르밧에서 행함 |
| 43 | 왕상18:37-38 | 하나님의 불이 내려 옴<br>➡ 엘리야 선지자가 갈멜 산에서 행함 |
| 44 | 왕하1:10-12 | 하늘의 불로 군사를 불태워 죽임<br>➡ 엘리야 선지자가 사마리아에서 행함 |
| 45 | 왕하2:8 | 옷자락으로 요단강 물을 갈라지게 함<br>➡ 엘리야 선지자가 요단강에게서 행함 |
| 46 | 왕하2:14 | 옷자락으로 요단강 물을 갈라지게 함<br>➡ 엘리야 선지자가 요단강에서 |

| 47 | 왕하2:11 | 엘리야 선지자가 하늘로 승천<br>➡ 여호와께서 요단강 동편에서 행하심 |
|---|---|---|
| 48 | 왕하2:21-22 | 소금을 물에 쳐서 맛을 바꾸다<br>➡ 엘리사 선지자가 여리고에서 행함 |
| 49 | 왕하2:23-24 | 곰이 나와서 아이들을 죽임<br>➡ 엘리사 선지자가 벧엘에서 행함 |
| 50 | 왕하3:17-20 | 물이 갑자기 창일함<br>➡ 여호와께서 모압에서 행하심 |
| 51 | 왕하4:1-7 | 과부의 기름병에 그름이 가득함<br>➡ 엘리사 선지자가 수넴에서 행함 |
| 52 | 왕하4:32-35 | 죽은 아이가 다시 살아남<br>➡ 엘리사 선지자가 수넴에서 행함 |
| 53 | 왕하4:38-41 | 술에 섞긴 독을 제거함<br>➡ 엘리사 선지자가 길갈에서 행함 |
| 54 | 왕하4:42-44 | 보리 떡 20개로 100명을 먹임<br>➡ 엘리사 선지자가 길갈에서 행함 |
| 55 | 왕하5:1-14 | 나아만 장군의 문둥병 고침<br>➡ 엘리사 선지자가 사마리아에서 행함 |
| 56 | 왕하5:20-27 | 게하시가 문둥병에 걸림<br>➡ 엘리사 선지자가 사마리아에서 행함 |
| 57 | 왕하6:1-7 | 물 속의 도끼를 뜨게 함<br>➡ 엘리사 선지자가 요단강에서 행함 |
| 58 | 왕하6:18 | 아람 왕의 군대들이 눈이 어두워짐<br>➡ 엘리사 선지자가 도단에서 행함 |

| 59 | 왕하6:20 | 아람 왕 군대들의 눈을 다시 뜨게 함<br>➡ 엘리사 선지자가 사마리아에서 행함 |
|----|---------|----------------------------------------------|
| 60 | 왕하13:20-21 | 엘리사의 시신에 닿은 시체들이 살아남<br>➡ 여호와께서 사마리아에서 행하심 |
| 61 | 왕하19:35 | 적병 18만 5천명을 죽임<br>➡ 여호와께서 히스기야 왕 때에 립나에서 행하심 |
| 62 | 왕하20:11 | 해를 10도 뒤로 후퇴시킴<br>➡ 여호와께서 이사야 선지자 때에 예루살렘에서 행하심 |
| 63 | 대하26:16-21 | 웃시야 왕의 이마에 문둥병이 들게 하심<br>➡ 여호와께서 예루살렘에서 행하심 |
| 64 | 단3:19-30 | 불속에서 살아남<br>➡ 여호와께서 바벨론에서 행하심 |
| 65 | 단6:16-24 | 다니엘이 사자 굴에서 살아남<br>➡ 여호와께서 바벨론에서 행하심 |
| 66 | 욘1:17-2:1 | 요나가 물고기 배속에서 살아남<br>➡ 여호와께서 지중해에서 행하심 |

# 2

## 예수께서 행하신 이적(異蹟)들

신약 성경 안에는 수많은 이적(異蹟, Miracle)들이 있다. 그러나 여기에서는 예수 그리스도께서 친히 행하신 이적(異蹟)들만을 제시하려고 한다. 그 외의 것들은 전체가 하나님의 사랑이요, 하나님의 은혜요, 하나님의 이적으로 되어 진 것들뿐이기 때문이다.

우리는 하나님을 '전능(全能)하신 하나님'으로 믿는다. 이는 곧 하나님께서 하고자 하시는 일이면 못 하실 것이 없다는 말이다. 그러므로 사도 바울은 고백(告白) 하기를 '나의 나 된 것은 곧 하나님의 은혜로 된 것이니'라고 고백하고 있다(고전15:10 참고)

그렇다. 우리가 하나님의 이적을 다 말로 할 수 없다. 그 가운데서도 가장 큰 이적(異蹟)은 하나님께서 나의 나 되게 하심이라고 해야 할 것이다.

그러므로 여기에서는 신약 성경 속의 다른 이적(異蹟)들과 함께 예수 그리스도께서 행하신 이적(異蹟)들부터 골라서 이를 차례대로 살펴보려고 한다.

| 1 | 요2:9 | 물로 포도주가 되게 하심 |
|---|---|---|
| | | ➡ 주후 27년경 가나 혼인잔치 집에서 |

| 2 | 요4:53 | 왕의 신하의 아들 고치심 ➡ 주후 27년경 가나에서 |
|---|---|---|
| 3 | 요5:8 | 38년 된 병자를 고치심 ➡ 주후 28년경 예루살렘에서 |
| 4 | 눅5:7 | 물고기를 두 배에 가득 차도록 잡게 하심 ➡ 주후 28년경 갈릴리 호수에서 |
| 5 | 마8:16/ 막1:25/눅4:35 | 사귀 들린 자를 고치심 ➡ 주후 28년경 가버나움에서 |
| 6 | 마8:15/ 막1:15/눅4:38 | 베드로의 장모 열병을 고치심 ➡ 주후 28년경 가버나움에서 |
| 7 | 마4:24/ 막1:39/눅4:44 | 사귀 들린 자, 간질병, 중풍환자들을 고치심 ➡ 주후 28년경 가버나움에서 |
| 8 | 마8:3/ 막1:42/눅5:13 | 문둥병자를 고치심 ➡ 주후 28년경 갈릴리에서 |
| 9 | 마9:2/ 막2:5/눅5:24 | 반신불수 환자를 고치심 ➡ 주후 28년경 가버나움에서 |
| 10 | 마9:2/ 막2:5/눅5:24 | 한편 손 마른 자를 고치심 ➡ 주후 28년경 갈릴리에서 |
| 11 | 마8:13, 눅7:2 | 백부장의 종 중풍병을 고치심 ➡ 주후 28년경 가버나움에서 |
| 12 | 눅7:15 | 과부의 독자 다시 살리심 ➡ 주후 28년경 나인 성에서 |
| 13 | 마12:22/ 막3:22/눅11:4 | 소경, 벙어리, 사귀 들린 자들을 고치심 ➡ 주후 28년경 가버나움에서 |

| 14 | 마8:26/<br>막4:29/눅8:24 | 바다의 풍랑을 잔잔하게 하심<br>➡ 주후 28년경 갈릴릴 바다에서 |
|---|---|---|
| 15 | 마8:32/<br>막5:13/눅8:33 | 두 사람에게서 사귀를 몰아내심<br>➡ 주후 28년경 가버나움에서 |
| 16 | 마9:22/<br>막5:29/눅8:47 | 12년간의 혈루증 환자를 고치심<br>➡ 주후 28년경 가버나움에서 |
| 17 | 마9:25/<br>막5:41/눅8:54 | 야이로의 딸 살리심<br>➡ 주후 28년경 가버나움에서 |
| 18 | 마9:28 | 두 소경을 고치심<br>➡ 주후 28년경 가버나움에서 |
| 19 | 마9:33 | 사귀를 몰아내고 말을 하게 하심<br>➡ 주후 28년경 가버나움에서 |
| 20 | 마14:19/막6:41<br>눅9:16/요6:10 | 5병 2어로 5천명을 먹이심<br>➡ 주후 29년경 벳세다에서 |
| 21 | 마14:25/<br>막6:48 | 바다 위로 걸으심<br>➡ 주후 29년경 갈릴리 호수에서 |
| 22 | 마14:36/<br>막6:54 | 각색 병든 사람들이 예수님의 옷자락만 만져도 났더라<br>➡ 주후 29년경 게네사렛에서 |
| 23 | 마15:28/<br>막7:26 | 헬라 여인의 딸을 치료<br>➡ 주후 29년경 두로에서 |
| 24 | 마15:30/<br>막7:35 | 앉은뱅이, 소경, 벙어리 고치심<br>➡ 주후 29년경 데가볼리에서 |
| 25 | 마15:38/<br>막8:9 | 7병 2어로 4천명 먹이심<br>➡ 주후 29년경 데가볼리에서 |

| 26 | 막8:23 | 소경의 눈을 뜨게 하심<br>➡ 주후 29년경 벳세다에서 |
|---|---|---|
| 27 | 마17:18/<br>막9:25/눅9:42 | 간질병 앓는 아이를 고치심<br>➡ 주후 29년경 헬몬 상에서 |
| 28 | 마17:27 | 물고기 입에서 은전을 취하심<br>➡ 주후 29년경 가버나움에서 |
| 29 | 요9:6 | 나면서 소경된 자를 고치심<br>➡ 주후 29년경 예루살렘에서 |
| 30 | 눅13:13 | 18년 된 꼽추 고치심<br>➡ 주후 29년경 뵈뢰아에서 |
| 31 | 눅14:2 | 고창병자를 고치심<br>➡ 주후 30년경 뵈뢰아에서 |
| 32 | 요11:43 | 나사로를 무덤에서 살리심<br>➡ 주후 30년경 베다니에서 |
| 33 | 눅17:14 | 열 문둥병자를 고치심<br>➡ 주후 30년경 사마리아에서 |
| 34 | 마20:34/<br>막10:52/눅8:42 | 두 소경과 바디메오 고치심<br>➡ 주후 30년경 예루살렘에서 |
| 35 | 마21:19/<br>막11:20/눅13:6 | 무화과나무를 저주하심<br>➡ 주후 30년경 감람산에서 |
| 36 | 눅22:51 | 말고의 귀를 다시 붙이심<br>➡ 주후 30년경 겟세마네에서 |
| 37 | 요21:6 | 물고기 153마리를 잡게 하심<br>➡ 주후 30년경 디베랴 바다에서 |

# 3
## 사도(使徒) 바울이 행한 이적(異蹟)들

사도(使徒) 바울의 경우는 좀 특별하다고 해야 할 것이다. 그는 믿음의 실상(實狀)을 그대로 보여준 사도(使徒)였고, 그의 사사(事役)은 예수께서 직접 불러서 맡기신 것들이었으므로 우리는 좀 더 세심한 마음으로 상고해 봄이 좋을 것이다. 그래서 여기에 사도 바울의 경우는 특별히 소개하려고 한다.

| | | |
|---|---|---|
| 1 | 행13:6-11 | 바예수 엘루마를 소경이 되게 함<br>➡ 주후 47년경 바보에서 |
| 2 | 행14:8-10 | 앉은뱅이를 고쳐줌<br>➡ 주후 48년경 루스드라에서 |
| 3 | 행16:14-18 | 점치는 사귀를 쫓아 냄<br>➡ 주후 50년경 빌립보에서 |
| 4 | 행19:11-12 | 각색 병든 자와 사귀 병을 고침<br>➡ 주후 54년경 에배소에서 |
| 5 | 행20:9-10 | 유두고를 살려내다<br>➡ 주후 57년경 드로아에서 |
| 6 | 행28:8-9 | 열병과 이질을 고쳐냄<br>➡ 주후 60년경 멜레데 섬에서 |

# 4

## 사도(使徒) 바울이 본 환상(幻像)과 이적(異蹟)

　사도(使徒) 바울은 하나님께서 보여주신 환상(幻像, Vision) 을 누구보다도 많이 보았다. 그것은 사도 바울의 신앙(信仰)이 전인적(全人的)이었다는 것을 알게 한다. 다른 사도(使徒)들 보다도 더 많은 공부를 했고, 믿음의 실상(實狀, Substance)을 체험(體驗)했다. 그러므로 사도(使徒) 바울은 그의 생활 전체가 거의 하나님과 함께 함이었다고 해야 할 것이다.

| 1 | 행9:35/<br>행26:13-18 | 다메색으로 가는 길에 광채(光彩)와 함께<br>주님의 음성을 들음<br>➡ 주후 37년경 다메색 도상에서 |
|---|---|---|
| 2 | 행16:9-10 | 밤에 주님의 환상을 봄<br>➡ 주후 50년경 드로아에서 |
| 3 | 행16:25-26 | 감옥에 갇혀있을 때에 옥문이 열림<br>➡ 주후 50년경 빌립보에서 |
| 4 | 눅5:7 | 밤에 이상(異像)을 봄<br>➡ 주후 52년경 고린도에서 |
| 5 | 행27:23-24 | 밤에 바다에서 이상을 봄<br>➡ 주후 59년경 아드리아 해상에서 |
| 6 | 행28:3-5 | 독사(毒蛇)에게 물려도 상하지 않음<br>➡ 주후 59년경 멜리데 섬에서 |
| 7 | 고후12:2 | 삼층천의 하늘을 봄<br>➡ 사도 바울의 체험담(體驗談) 가운데 하나 |

# 5

## 사도(使徒) 베드로가 행한 이적(異蹟)들

사도(使徒) 베드로는 분명히 예수님께서 세우신 수제자(首弟子)요, 사도(使徒)들 가운데서도 으뜸이었다. 비록 갈릴리 호수(湖水)에서 고기잡이로 생계(生計)를 이끌어갔던 어부(漁夫)의 한 사람으로 학문적(學問的)인 배움은 부족하고 성격은 조급(躁急)할지라도 그의 본심(本心)은 참으로 깨끗하여 예수님께로부터 인정(認定)을 받았고, 예수님의 당부도 받았다. 그런데 그 후에 로마 카톨릭 교회와 교황(敎皇)의 등장은 분명히 베드로의 이름에 먹칠을 한 것이라고 생각한다. 그러나 그것까지도 하나님의 심판에 맡기고 성경대로 베드로에 대해서 생각을 해 보려고 한다.

| 1 | 마14:29 | 바다 위로 걸어감 <br> ➡ 주후 29년경 갈릴리 호수에서 |
|---|---|---|
| 2 | 행3:1-12 | 나면서부터 앉은뱅이 된 자를 고침 <br> ➡ 주후 33년경 성전 미문에서 |
| 3 | 행5:1-11 | 아나니아와 삽비라 부부를 죽임 <br> ➡ 주후 34년경 예루살렘에서 |
| 4 | 행5:15-16 | 그림자만 밟아도 병자들이 일어남 <br> ➡ 주후 35년경 예루살렘에서 |
| 5 | 행9:32-35 | 애니아의 중풍병을 고침 <br> ➡ 주후 36년경 룻다에서 |
| 6 | 행9:36-42 | 다비다(도루가)라는 여인을 살려냄 <br> ➡ 주후 43년경 욥바에서 |

# 6

## 기타(其他) 주님의 환상(幻像)들

신약 성경을 보노라면 예수 그리스도께서 종종 환상(幻像)으로 나타나셔서 말씀해 주셨고 위로와 격려를 해 주셨다. 물론 이는 과거사(過去事)로 되어졌든 것만이 아니라 지금도 종종 그의 사랑하는 자들에게 나타나셔서 응답(應答)을 해 주신다. 이는 곧 우리 주 예수 그리스도는 하나님과 함께 영원히 살아 계셔서 우리들을 도와주신다는 뜻이다.

특히 지금은 '성령의 시대'로서, 성령 하나님 안에서 성부(聖父)와 성자(聖子) 하나님께서 성령(聖靈)하나님과 함께 사역(事役)을 하시고 우리와 함께 하신다는 것을 알게 하신다.

| 1 | 행7:55 | 스데반 집사(執事)에게 나타나심<br>➡ 주후 36년경 예루살렘 성문 밖에서 |
|---|--------|----------------------------------------------|
| 2 | 계11:3 | 사도(使徒) 요한에게 나타나 보이심<br>➡ 주후 96년경 밧모 섬에서 |

"예수께서 가라사대 내가 곧 길이요 진리요 생명이니 나로 말미암지 않고는 아버지께로 올 자가 없느니라(요14:6)

"나는 아버지 안에 있고 아버지는 내 안에 계신 것을 네가 믿지 아니 하느냐? 내가 너희에게 이르는 말이 스스로 하는 것이 아니라 아버지께서 내 안에 계셔 그의 일을 하시는 것이라"(요14:10)

"너희가 내 이름으로 무엇을 구하든지 내가 시행하리니 이는 아버지로 하여금 아들을 인하여 영광을 얻으시게 하려 함이라"(요14:13)

"내가 너희를 고아와 같이 버려두지 아니하고 너희에게로 오리라"(요14:18)

"내가 아직 너희와 함께 있어서 이 말을 너희에게 하였거니와 보혜사 곧 아버지께서 내 이름으로 보내실 성령(聖靈) 그가 너희에게 모든 것을 가르치시고 내가 너희에게 말한 것을 생각나게 하시리라"(요14:25-26)

"내 안에 거하라 나도 너희 안에 거하리라 가지가 포도나무에 붙어있지 아니하면 절로 과실을 맺을 수 없음 같이 너희도 내 안에 있지 아니하면 그러하리라"(요15:4)

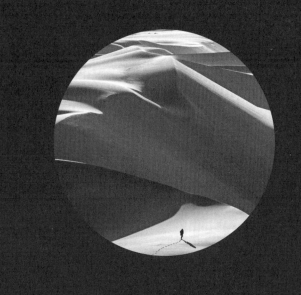

제8장

# 예수께서
# 하신
# 비유의
# 말씀

예수께서는 그이 사랑하시는 제자들에게 천국 복음에 대한 것을 말씀하실 때에 직설(直說)을 피하고 항상 비유(譬喩, Parable)로 하셨다. 그렇게 하신 것은 예수께서 말씀하신 대로 그의 사랑하시는 제자들에게 천국의 비밀을 깨달아 알게 하시기 위함이었다.

> "제자들이 이 비유의 뜻을 물으니 가라사대 하나님 나라의 비밀을 아는 것이
> 너희에게는 허락되었으나 다른 사람에게는 비유로 하나니 이는 저희로 보아도
> 보지 못하고 들어도 깨닫지 못하게 하려 함이니라"(눅8:9-10)

그런데 여기에서는 예수께서 사용하신 비유가 몇 가지나 되는가 하는 것을 알아보려는 것이다. 그리고 우리는 예수 그리스도의 비유에 대한 교훈을 통하여 하나님께서 우리들을 얼마나 사랑하시고 아끼시는가 하는 것을 알게 한다.

# 1

## 가라지 비유(譬喩)

예수께서는 항상 참과 거짓, 악(惡)과 선(善), 진리(眞理)와 비진리(非眞理), 하나님의 자녀(子女)와 마귀(魔鬼)의 종자(從者)들에 대한 것을 분명히 구분(區分) 지어서 말씀해 주셨다. 예수께서는 그의 제자들로 하여금 그것을 깨달아 알게 해 주시기 위해서 비유(譬喩)를 사용하심으로 얼마나 고심(苦心)하고 애를 쓰셨는가 하는 것을 알게 한다.

예수께서 하신 가라지 비유(譬喩)는 마태복음 13장 24절에서 30절까지의 말씀이다. 예수께서 가라지에 대한 비유(譬喩)를 들어서 말씀하신 뜻을 먼저 바로 알아야 한다. 예수께서 가라지 비유(譬喩)를 들어서 말씀하셨는데, 여기에는 먼저 말씀 곧 하나님의 복음(福音)에 대한 것이고 밭은 사람의 마음을 두고 하신 말씀이고 알곡(穀)은 하나님의 자녀(子女)들에 대한 말씀이고, 창고(倉庫)는 천국(天國)에 대한 것이다.

그런데 중요한 것은 그것들이 일시적(一時的)이나마 함께 살아가야 할 공존(共存)의 세계(世界)에 대한 말씀이다. 예수께서는 하나님의 자녀(子女)들이 이 세상에서 살아가는 동안에는 항상 함께 공존(共存)해야 할 것을 전제로 하신 말씀이었다. 그러므로 하나님의 자녀(子女)로서 성도(聖徒)들이 이 세상에서 살아가는 동안에는 외롭고, 억울하고, 쓸쓸하고 힘이 든다.

그러나 참고 이겨야 한다. 예수께서 말씀하신 끝에 다시 힘 있게 말씀하시기를 "그 때에 의인들은 자기 아버지의 나라에서 해와 같이 빛나리라 귀 있는 자는 들으라"라고 하신 말씀이다(마13:43) 그래서 믿음의 사람은 성령(聖靈)으로 중생(重生, Regeneration)해야 할 것을 전제로 한다.

"예수께서 대답하시되 진실로 진실로 네게 이르노니 사람이 물과 성령으로 나지 아니하면 하나님 나라에 들어갈 수 없느니라"(요3:5)

# 2
## 감추어진 보화(寶貨)의 비유(譬喩)

"천국은 마치 밭에 감추인 보화(寶貨)와 같으니 사람이 이를 발견한 후 숨겨두고 기뻐하여 돌아가서 자기의 소유를 다 팔아 그 밭을 샀느니라"(마13:44)

예수께서는 이 비유(譬喩)를 통하여 말씀하시기를 천국(天國)을 가리켜서 '감추인 보화(寶貨)'(like Treasure hidden)와 같다고 하셨다. 그리고 그 다음에 하신 말씀들을 생각해 보라. 천국을 소유하기 위해서 세상에 있는 모든 것들을 다 팔았다. 그리고 이 밭을 샀다고 말씀하셨다.

이는 곧 진심으로 천국(天國)을 사모(思慕)하고 바라는 사람이라면 미련 없이 이 세상에 속한 것들을 다 포기하고 천국을 소유해야 할 것을 말씀하심이다. 이 세상과 천국을 함께 소유(所有)할 수는 없다. 하나를 얻기 위해서는 다른 하나는 버려야 한다. 세상을 택할 것이냐? 아니면 천국(天國)을 택할 것이냐 하는 것을 결정하는 것은 하나님을 향한 우리의 믿음이 있을 뿐이다.

현대판 교회운동은 너무도 이 세상의 물욕(物慾)에 빠져있고 지나칠 정도로 세상적인 기복신앙(祈福信仰)에 젖어있다. 그러나 이는 다 예수 그리스도의 재림(再臨)을 앞두고 일어날 하나의 징조(徵兆)요 상태(狀態)일 뿐이다.

예수께서는 어떻게 해서라도 이 세상을 살아가는 그의 성도(聖徒)들이 바른 믿음 위에 서기를 바라는 간절한 마음을 담아서 말씀해 주고 있다. 예수께서는 이를 위해서 하늘 보좌(寶座)를 버리고 사람의 몸을 입고 우리들 가운데 오셨고, 이를 위해서 자기의 육신을 십자가(十字架) 위에 메달아 죽으셨다.

# 3

## 값진 진주(珍珠)의 비유(譬喩)

"또 천국은 마치 좋은 진주를 구하는 장사와 같으니 극히 값진 진주 하나를
만나매 가서 자기의 소유를 다 팔아 그 진주를 샀느니라"(마13:45-46)

예수께서는 천국(天國)을 소유하기 위해서 먼저는 보화(寶貨)를 비유해서 말씀하셨고, 여기에서는 값진 진주(珍珠)를 비유(譬喩)로 들어서 말씀하셨다. 지상에 있는 성도(聖徒)들이 하늘나라에 대한 바른 이해와 믿음의 소망을 가졌다면 이 세상에 속한 어떠한 가치(價値)의 소유(所有)를 다 포기(抛棄)하고서라도 천국(天國)을 소유할 것이다.

그런데도 사람들은 우선 눈앞에 보이는 이 세상의 부귀영화(富貴榮華)와 명예(名譽)에 미혹(迷惑)되어 입으로는 내세천국(來世天國)을 말하면서도 실상은 그렇지 못하다. 특히 현재를 살아가는 지상의 성도들의 경우 참으로 안타까운 형식에 젖어있음을 본다.

사람은 결국 죽게 될 것이며 그 다음에는 영생(永生)하는 천국(天國)과 영벌(永罰)의 지옥(地獄)으로 나누어지게 될 것이고, 그 나라에 가기 위해서는 이 세상에 속한 한시적(限時的)이고 유한존재(有限存在)에 대한 욕심이나 미련을 버려야 한다는 것을 알아야 한다는 것을 깨우쳐 주시기 위해서 여러 가지의 비유를 들어서 말씀해 주셨다.

영생하는 천국(天國, The Kingdom of Heaven)을 위해서는 이 세상에 속한 어떠한 것이라도 과감하게 버리고, 오직 바른 믿음 위에 서서 진리에 살아야 할 것을 말씀해 주셨다.

# 4

## 그물의 비유(譬喩)

> "또 천국은 마치 바다에 치고 각종 물고기를 모는 그물과 같으니 그물에 가득
> 하매 물가로 끌어내고 앉아서 좋은 것은 그릇에 담고 못된 것은 내어 버리느니
> 라 세상 끝에도 이러 하리라 천사들이 와서 의인(義人)중에서 악인(惡人)을 갈라
> 내어 풀무 불에 던져 넣으리니 거기서 울며 이를 갊이 있으리라"(마13:47-50)

그렇다 우리 기독교 운동은 그물을 바다에 쳐놓고 고기떼를 모으는
것과 같다. 어떠한 고기가 들어오게 될 것인지는 아무도 모른다. 그저
많이 들어와서 잡히기만을 기대하고 고기떼를 몰아붙인다. 그렇게 한
다음에는 바다에서 육지(陸地)로 그물을 끌어올려서 선별작업(選別作業)을
한다.

이때에 목표했던 고기와 잡어(雜魚)들을 골라서 다른 그릇에 옮겨 담는
다. 예수께서 이렇게 그물에 잡힌 물고기의 비유로 천국을 묘사해서 말
씀하신 것은, 현대판 교회 운동처럼 무조건 사람들을 불러 모이게 하는
'우리 교회 운동'에 대한 예수님의 노골적인 지적(指摘)이라고 생각한다.

우리는 신학적으로 구교(舊敎)와 개신교(改新敎)로 구분하고, 교파별(敎派
別)로 구분하고, 정통(正統)이나 이단(異端)으로 구분한다.
그러나 그것은 하나님의 판단이나 선별이 아니라 사람들이 모여서
이성적으로 판단하고 구분을 한 것에 불과하다. 그러나 한 가지 분명한

것은 하나님의 뜻이 이루어지고, 성령의 은사(恩賜)가 베풀어지는 것은 개인적(個人的)이고, 즉흥적(卽興的)이고, 수직적(垂直的)이라는 원칙(原則)이 있다는 점이다.

하나님의 심판은 의인(義人)과 악인(惡人)들을 한 자리에서 식별(識別)하여 골라내실 것이라는 것을 알게 한다.

그물에 잡혀 온 고기들은 자기의 장래를 모른다. 오직 식별(識別)을 하는 어부들의 마음에 따라서 선별을 하는 것처럼, 내가 의인(義人)이냐, 아니면 영원한 형벌(刑罰)에 떨어질 악인(惡人)이냐 하는 것은 하나님의 기준에 따를 것이다. 하나님은 전지(全知)하시고, 전능(全能)하신 영원한 창조주(創造主)이시다. 그래서 하나님을 나의 아버지로 믿는 믿음의 사람은 이 세상에서의 학대(虐待)나 고생(苦生) 같은 것을 감수(甘受)해야 한다.

# 5
## 악(惡)하고 무자비(無慈悲)한 종의 비유(譬喩)

"이러므로 천국은 그 종들과 회계하려 하던 어떤 임금과 같으니 회계할 때에 일만 달란트 빚진 자 하나를 데려오매 갚을 것이 없는지라 주인이 명하여 그 몸과 처와 자식들과 모든 소유를 다 팔아 갚게 하라 한 대 그 종이 엎드리어 절하며 가로되 내게 참으소서 다 갚으리이다 하거늘 그 종의 주인이 불쌍히 여겨 놓아 보내며 그 빚을 탕감하여 주었더니 그 종이 나가서 제게 백 데나리온 빚진 동

관 하나를 만나 붙들어 목을 잡고 가로되 빚을 갚으라 하매 그 동관이 엎드리어
간구하여 가로되 나를 참아 주소서 갚으리이다 하되 허락하지 아니하고 이에 가
서 저가 빚을 갚도록 옥에 가두거늘 그 동관들이 그것을 보고 심히 민망하여 주
인에게 가서 그 일을 다 고하니 이에 주인이 저를 불러다가 말하되 악한 종아 네
가 빌기에 내가 네 빚을 전부 탕감하여 주었거늘 내가 너를 불쌍히 여김과 같이
너도 네 동관을 불쌍히 여김이 마땅치 아니하냐 하고 주인이 노하여 그 빚을 다
갚도록 저를 옥졸들에게 붙이니라 너희가 각각 중심으로 형제를 용서하지 아니
하면 내 천부께서도 너희에게 이와 같이 하시리라"(마18:23-35)

예수께서 말씀하신 이 비유(譬喩)에 대해서 하신 말씀들을 그대로 소
개해 보려고 한다.

"나는 너희에게 이르노니 너희 원수를 사랑하며 너희를 핍박하는 자를 위하
여 기도하라"(마5:44)

"우리가 우리에게 죄 지은자를 사하여 준 것같이 우리 죄를 사하여 주옵시
고"(마6:12)

"예수께서 가라사대 네게 이르노니 일곱 번 뿐 아니라 일흔 번씩 일곱 번이라
도 할지니라"(마13:22)

이러한 예수님의 말씀을 따르기 위해서 사도 바울은 매우 적극적으
로 말씀해주고 있다.

"너희를 핍박하는 자를 축복하라 축복하고 저주하지 말라 즐거워하는 자들로
함께 즐거워하고 우는 자들로 함께 울라 서로 마음을 같이 하며 높은데 마음을
두지 말고 도리어 낮은데 처하며 스스로 지혜 있는 채 말라 아무에게도 악으로

악을 갚지말고 모든 사람 앞에서 선한 일을 도모하라 할 수 있거든 너희로서는 모든 사람으로 더불어 평화하라 내 사랑하는 자들아 너희가 친히 원수를 갚지 말고 진노하심에 맡기라 기록되었으되 원수 갚는 것이 내게 있으니 내가 갚으리라고 주께서 말씀하시니라 네 원수가 주리거든 먹이고 목마르거든 마시우라 그리 함으로 네가 숯불을 그 머리에 쌓아 놓으리라 악에게 지지 말고 선으로 악을 이기라"(롬12:14-21)

# 6
## 포도원(葡萄園)의 품꾼들 비유(譬喩)

"천국은 마치 품군을 얻어 포도원에 들여보내려고 이른 아침에 나간 집 주인과 같으니 저가 하루 한 데나리온 씩 품군들과 약속하여 포도원에 들여보내고 또 제 삼시에 나가보니 장터에 놀고 섰는 사람들이 또 있는지라 저희에게 이르되 너희도 포도원에 들어가라 내가 너희에게 상당하게 주리라 하니 저희가 가고 제 육시와 제 구시에 또 나가 그와 같이 하고 제 십일 시에도 나가 보니 섰는 사람들이 있는지라 가로되 너희는 너희는 어찌하여 종일토록 놀고 여기 섰느뇨 가로되 우리를 품군으로 쓰는 이가 없음이니 이다 가로되 너희도 포도원에 들어가라 하니라 저물매 포도원의 주인이 청지기에게 이르되 품군들을 불러 나중 온 자로부터 시작하여 먼저 온 자까지 삯을 주리 하니 제 십일시에 온 자들이 와서 한 데나리온 씩 받거늘 먼저 온 자들이 와서 더 받을 줄 알았더니 저희도 한 데 나리온 씩 받은지라 받은 후 집 주인을 원망하여 가로되 나중 온 이 사람들은 한 시간만 일하였거늘 저희를 종일 수고와 더위를 견딘 우리와 같게 하였나이다 주인이 그 중의 한 사람에게 대답하여 가로되 친구여 내가 네게 잘못한 것이 없노라 네가 나와 한 데나리온의 약속을 하지 아니하였느냐 네 것이나 가지고 가라 나중 온 이 사람에게 너와 같이 주는 것이 내 뜻이니라 내 것을 가지

고 내 뜻대로 할 것이 아니냐 내가 선하므로 네가 악하게 보느냐 이와 같이 나
중 된 자로서 먼저 되고 먼저 된 자로서 나중 되리라"(마20:1-20)

우리는 여기 이 비유(譬喩)를 통하여 하나님의 참 뜻을 알 수 있다. 하
나님께서 그의 종들에게 주시는 상급(賞給)은 생각과 생각하는 차별(差別)
이나 등급(等級)이 있는 것이 아니라 모두가 본질적으로 같다는 것을 알
수 있다. 사람들은 항상 차별적(差別的)이나 하나님의 생각은 차별이나
구별이 없이 다 같다는 것을 알게 해 주시는 말씀이다. 하나님께서 우
리에게 값없이 주시는 구원(救援)이 그렇고 은사(恩賜)가 그렇고 상급(賞給)
이 그렇다는 것을 알게 한다.


# 7
## 두 아들에 대한 비유(譬喩)

"그러나 너희 생각에는 어떠하뇨 한 사람이 두 아들이 있는데 맏아들에게 가
서 이르되 얘 오늘 포도원에 가서 일하라 하니 대답하여 가로되 아버지여 가겠
소이다 하더니 가지 아니하고 둘째 아들에게 가서 또 이 같이 말하니 대답하여
가로되 싫소이다 하더니 그 후에 뉘우치고 갔으니 그 둘 중에 누가 아비의 뜻대
로 하였느뇨 가로되 둘째 아들이니 이다 예수께서 저희에게 이르시되 내가 진
실로 너희에게 이르노니 세리들과 창기들이 너희보다 먼저 하나님의 나라에 들
어가리라 요한이 의의 도로 너희에게 왔거늘 너희는 저를 믿지 아니하였으되 세
리와 창기는 믿었으며 너희는 이것을 보고도 종시 뉘우쳐 믿지 아니하였도다"
(마21:28-32)


Parables of Jesus Christ

예수께서 이 비유(譬喩)를 들어서 말씀하신 것은 하나님의 선민(選民)임을 자랑하는 유대인들이 하나님의 명령을 어겼다는 것과 이방인(異邦人)들의 순종신앙(順從信仰)을 받아 주심에 대한 것을 뜻하시는 말씀이다. 하나님의 의(義)는 인간들의 의전적(儀典的)인 의식(儀式)이나 제도(制度)가 아니라, 하나님 앞에서의 진심(眞心)이라는 것을 알게 하신다.

당연히 먼저 하나님의 선택(選擇)하심을 받은 유대인들이 하나님의 나라에 대하여 우선권(優先權)이 있는 것 같이 생각할 수 있으나 하나님께서는 결코 그렇지 않다는 것을 알게 해 주셨다. 하나님 앞에서는 하나님 앞에서의 순종신앙(順從信仰)이과 몸을 드리는 충성(忠誠)이 있을 뿐이다.

# 8

## 임금 아들의 혼인(婚姻)잔치 비유(譬喩)

"예수께서 다시 비유로 대답하여 가라사대 천국은 마치 자기 아들을 위하여 혼인 잔치를 베푼 어떤 임금과 같으니 그 종들을 보내어 그 청한 사람들을 혼인 잔치에 오라 하였더니 오기를 싫어하거늘 다시 다른 종들을 보내며 가로되 청한 사람들에게 이르기를 내가 오찬을 준비하되 나의 소와 살진 짐승을 잡고 모든 것을 감추었으니 혼인잔치에 오소서 하라 하였더니 저희가 돌아보지도 않고 하나는 자기 밭으로 하나는 자기 상업차로 가고 그 남은 자들은 종들을 잡아 능욕하고 죽이니 임금이 노하여 군대를 보내여 그 살인한 자들을 진멸하고 그 동네를 불사르고 이에 종들에게 이르되 혼인잔치는 예비되었으나 청한 사람들은 합당치 아니하니 사거리 길에 가서 사람을 만나는 대로 혼인 잔치에 청하여 오너라 한 대 종들이 길에 나가 악한 자나 선한 자나 만나는 대로 모두 데려오니 혼인자리에 손이 가득한지라 임금이 손을 보러 들어올 새 거기서 예복을 입지 않은 한 사람을 보고 가로되 친구여 어찌하여 예복을 입지 않고 여기 들어왔느냐 하니 저가 유구무언이어늘 임금이 사환들에게 말하되 그 수족을 결박하여 바깥 어두움에 내어 던지라 거기서 슬피 울며 이를 갈이 있으리라 하니라 청함을 받은 자는 많되 택함을 입은 자는 적으니라"(마22:1-14)

이 비유의 말씀은 매우 중요한 교리(教理)를 담고 있는 비유(譬喩)의 말씀이다. 우선 하나님의 선택(選擇)과 중생(重生)에 대한 교리(教理)를 강하게 보여주는 말씀으로서 다른 성경에 대한 연관성을 들어서 설명을 해야 할 필요를 느낀다. 그리고 현대 교회들의 물량주의(物量主義)와 우리교회 운동에 대한 것을 재검(再檢)해 보아야 한다는 것을 깨닫게 해주시는 말씀이라고 본다.

그리고 예수 그리스도의 십자가대인속죄(十字架代人贖罪)가 외형적인 부르심에는 전체적이나 효과적(效果的)인 입장에서는 선택적(選擇的)이라는 것을 알게 한다. 또한 예복(禮服)은 기독교의 구원은 사람이 임의로 선택(選擇)한 것 같으나 그것은 자율적(自律的)인 구원이 되기 때문에 전혀 불가능(不可能)하고 하나님의 뜻에 의해서만 가능하다는 것을 알게 한다.

"예수께서 대답하시되 진실로 진실로 네게 이르노니 사람이 물과 성령으로 나지 아니하면 하나님 나라에 들어갈 수 없느니라 육으로 난 것은 육이요 성령으로 난 것은 영이니 내가 네게 거듭나야 하겠다 하는 말을 기이히 여기지 말라"(요3:5-7)

"내가 가로되 내 주여 당신이 알리이다 하니 그가 나더러 이르되 이는 큰 환난에서 나오는 자들인데 어린 양의 피에 그 옷을 씻어 희게 하였느니라"(계7:14)

"그에게 허락하사 빛나고 깨끗한 세마포를 입게 하셨은즉 이 세마포는 성도들의 옳은 행실이로다 하더라"(계19:8)

"그 두루마기를 빠는 자들은 복이 있나니 이는 저희가 생명나무에 나아가며 문들을 통하여 성에 들어갈 권세를 얻으려 함이로다"(계22:14)

"그런데 그 백성이 저를 미워하여 사자를 뒤로 보내어 가로되 우리는 이 사람이 우리의 왕 됨을 원치 아니 하노이다 하였더라"(눅19:14 참고)

# 9
# 열 처녀(處女)의 비유(譬喩)

"그 때에 천국은 마치 등을 들고 신랑을 맞으러 나간 열 처녀와같다 하리니 그 중에 다섯은 미련하고 다섯은 슬기 있는지라 미련한 자들은 등을 가지되 기름을 가지지 아니하고 슬기 있는 자들은 그릇에 기름을 담아 등과 함께 가져갔더니 신랑이 더디오므로 다 졸며 잘 새 밤중에 소리가 나되 보라 신랑이 로다 맞으러 나오라 하매 이에 그 처녀들이 다 일어나 등을 준비할 새 미련한 자들이 슬기 있는 자들에게 이르되 우리 등불이 꺼져가니 너희 기름을 좀 나눠달라 하거늘 슬기 있는 자들이 대답하여 가로되 우리와 너희의 쓰기에 다 부족할까 하노니 차라리 파는 자들에게 가서 너희 쓸 것을 사라하니 저희가 사러 간 동안에 신랑이 오므로 예비하였던 자들은 함께 혼인잔치에 들어가고 문은 닫힌지라 그 후에 남은 처녀들이 와서 가로되 주여 주여 우리에게 열어주소서 대답하여 가로되 진실로 너희에게 이르노니 내가 너희를 알지 못하노라 하였느니라 그런즉 깨어 있으라 너희는 그 날과 그 시를 알지 못하느니라"(마25:1-13)

이는 예수 그리스도의 재림(再臨)을 기다리는 현대 교인들에게 너무도 절절한 교훈(敎訓)의 말씀이다. 현대 교회의 성도(聖徒)들이나 목사(牧師)들 치고 자기가 잘 못하고 있다는 말을 하는 사람은 단 한 사람도 없다. 미련한 처녀들이나 슬기로운 처녀들이나 신랑을 기다리기는 다 같고, 등(燈)까지도 다 준비 되어 있었다. 그러나 미련한 처녀(處女)들은 필수적인 기름을 준비하지 못했다.

바로 그것이다. 현대판 그리스도인들은 다 예수 그리스도의 재림(再臨)을 기다리고 있다. 그러나 다 같지 않은 것은, 하나님의 성령(聖靈)으로 거듭나야 할 영성(靈性, Spirituality)이 없이 참여하는 것으로 만족해 있다. 그리고 미리 준비하고 있지 않은 자들은 신랑이 오실 때에 기름을 나누어 달라고 할 것이나 그렇게 안 될 것이라는 것을 분명히 알게 해 주셨다.

또한, 문(門)이 닫혀졌다는 것과 신랑이 그들을 전혀 들어주지 않았다는 것은 이미 잡을 수 있는 기회(機會)가 다 지나갔으니 더 이상 후회를 하고 사정을 하나 그것들은 다 부질없는 짓이라는 것을 알게 한다. 예수 그리스도의 재림(再臨)을 기다리는 성도들의 참 믿음은 시한(時限)이 필요가 없다. 항상(恒常, Always)이라는 말 밖에 다른 말이 있을 수 없다.

바보처럼 믿고 기다리자. 예수 그리스도는 약속(約束)하신 그대로, 반드시 하늘로 올라가심을 본 그대로 오실 것이다(행1:11)

# 10

## 달란트 비유(譬喩)

"또 어떤 사람이 타국에 갈 새 그 종들을 불러 자기 소유를 맡김과 같으니 각각 그 재능대로 하나에게는 금 다섯 달란트를 하나에게는 두 달란트를 하나에게는 한 달란트를 주고 떠났더니 다섯 달란트 받은 자는 바로 가서 그것으로 장사하여 또 다섯 달란트를 남기고 두 달란트 받은 자도 그 같이 하여 또 두 달란트를 남겼으되 한 달란트 받은 자는 가서 땅을 파고 그 주인의 돈을 감추어 두었더니 오랜 후에 그 종들의 주인이 돌아와 저희와 회계할 새 다섯 달란트 받았던 자는 다섯 달란트를 더 가지고 와서 가로되 주여 내게 다섯 달란트를 주셨는데 보소서 내가 또 다섯 달란트를 남겼나이다 그 주인이 이르되 잘 하였도다 착하고 충성된 종아 네가 작은 일에 충성하였으매 내가 많은 것으로 네게 맡기리니 네 주인의 즐거움에 참예할 지어다 하고 두 달란트 받았던 자도 와서 가로되 주여 내게 두 달란트를 주셨는데 보소서 내가 또 두 달란트를 남겼나이다 그 주인이 이르되 잘 하였도다 착하고 충성된 종아 네가 작은 일에 충성하였으매 내가 많은 것으로 네게 맡기리니 네 주인의 즐거움에 참예할 지어다 하고 한 달란트 받았던 자도 와서 가로되 주여 당신은 굳은 사람이라 심지 않은데서 거두고 헤치지 않은데서 모으는 줄을 내가 알았으므로 두려워하여 나가서 당신의 달란트를 땅에 감추어 두었나이다 보소서 당신의 것을 받으셨나이다 그 주인이 대답하여 가로되 악하고 게으른 종아 나는 심지 않은데서 거두고 헤치지 않은데서 모으는 줄로 네가 알았느냐 그러면 네가 마땅히 내 돈을 취리하는 자들에게나 두었다가 나로 돌아와서 내 본전과 변리를 받게 것이니라 하고 그에게서 그

한 달란트를 빼앗아 열 달란트 가진 자에게 주어라 무릇 있는 자는 받아 풍족하게 되고 없는 자는 그 있는 것까지 빼앗기리라 이 무익한 종을 바깥 어두운 데로 내어 쫓으라 거기서 슬피 울며 이를 갊이 있으리라 하니라"(마25:14-30)

우리는 예수께서 말씀하신 이 비유를 통해서 아주 중요한 전제(前提)는 '그의 재능대로'(to each according to his own ability)라고 하신 말씀이다. 누가 더 받았고, 더 작게 받았다는 것은 아무 뜻이 없다. 하나님 앞에서 내가 할 수 있는 최선(最善)이면 된다는 말씀이다.

그 다음에는 하나님의 일에 충성(忠誠)을 다 하지 않은 게으름이 곧 하나님 앞에서는 '악(惡)함'이라는 말씀이다. 또한, 물질적(物質的)인 소유(所有)보다는 주인의 영광(榮光)에 참예(參詣)하는 것이 더 큰 축복(祝福)이라는 말씀이다.

우리 인간의 소유욕(所有慾)은 거의 끝이 없다. 그러므로 우리가 말하는 세상에서의 부귀영화(富貴榮華) 같은 것은 하나님의 나라에서는 쓸데가 없다는 것을 알게 하신 말씀이다. 하나님 앞에서 우리는 오직 최선의 충성이 있을 뿐이라는 것을 알 수 있다.

# 11
## 양과 염소의 비유(譬喩)

> "인자가 자기 영광으로 모든 천사와 함께 올 때에 자기 영광의 보좌에 앉으리
> 니 모든 민족을 그 앞에 모으고 각각 분별하기를 목자가 양과 염소를 분별하는
> 것 같이 하여 양은 그 오른편에 염소는 왼편에 두리라 그 때에 임금이 그 오른
> 편에 있는 자들에게 이르시되 …… 이에 임금이 대답하여 가라사대 내가 진실로
> 너희에게 이르노니 이 지극히 작은 자 하지 아니한 것이 곧 내게 하지 아니한 것
> 이니라 하시리니 저희는 영벌에 의인들은 영생에 들어가리라 하시니라"(마
> 25:31-46)

예수께서 말씀하신 이 비유(譬喩)는 성도(聖徒)들의 생활신앙(生活信仰)에
대한 것을 뜻하신 말씀이다. 예수를 믿는 사람들은 우선 말부터 늘어난
다. 기도(祈禱)를 한답시고 말이 늘어나고 목사의 설교(說敎)를 통해서 좋
은 말만 많이 들었으니 말이 늘어나고 성경(聖經)을 읽었으니 말이 늘어
나고, 전도(傳道)를 했으니 말이 많이 늘어난다.

그러나 솔직하게 말해서 자기가 한 많은 말에 비해서 실천적(實踐的)인
생활신앙(生活信仰)에는 말에 비해서 크게 뒤 떨어져 있으니 결국 말쟁이
가 된 것이다. 예수님의 말씀을 따라서 믿는 생활신앙(生活信仰)은 결코
그렇게 쉬운 것이 아니다. 가난한 이웃이 주릴 때에 음식(飮食)을 먹여야
하고, 목마를 때에 그에게 물을 주어야 하고, 나그네 되었을 때에 영접
(迎接)해야 하고, 헐벗었을 때에 의복(衣服)을 입혀야 하고, 병(病) 들었을
때에 돌보아야 하고, 옥(獄)에 갇혔을 때에 그를 찾아서 살피고 돌봐주

어야 한다.

그렇게 하되 그 상대(相對)를 임금처럼 여기고 하나님 앞에서 자기의 지성(至誠)과 최선(最善)을 다 쏟아야 한다. 어떤 대가(代價)를 바래서가 아니라 예수님의 말씀처럼 거저 받았으니 거저 줘야 한다 (마10:8)

오직 하나님 앞에서 진실(眞實)하고 참된 마음으로 이를 실천해 나간다는 것은 결코 그렇게 쉬운 일이 아니다. 참으로 힘들고, 참으로 어렵고, 참으로 외롭고, 참으로 억울하고, 참으로 괴로운 일이나 생활신앙은 반드시 그렇게 해야 한다.

제2위 하나님이신 예수 그리스도께서 그렇게 하셨고, 마지막에는 나를 위하여 십자가(十字架)에 못 박혀서 죽어 가셨다. 그러므로 나의 생각이나 나의 마음으로는 할 수 없어도 예수 그리스도를 주(主)로 믿었으니 그렇게 해야 한다.

**"영혼 없는 몸이 죽은 것 같이 행함이 없는 믿음은 죽은 것이니라"**(약2:26)

# 12
## 씨가 성장(成長)하는 비유(譬喩)

> "또 가라사대 하나님의 나라는 사람이 씨를 땅에 뿌림과 같으니 저가 밤낮 자
> 고 깨고 하는 중에 씨가 나서 자라되 그 어떻게 된 것을 알지 못 하느니라 땅이
> 스스로 열매를 맺되 처음에는 싹이요 다음에는 이삭이요 그 다음에는 이삭에 충
> 실한 곡식이라 열매가 익으면 곧 낫을 대나니 이는 추수 때가 이르렀음이라"
> (막4:26-29)

예수께서 말씀하신 이 비유는 너무도 자연스럽고 상식적이다.

그러나 이 비유가 지닌 진리(眞理)의 뜻은 참으로 심오(深奧)하다.

밭을 갈고 뒤집어서 소중하게 간수해 두었든 씨를 가지고 나와서 땅
에다 뿌리고 가꾼 것은 일대 모험(冒險)이요 숙제(宿題)라고 할 것이다. 이
것이 정말 자라나서 열매를 맺고 더 많은 것을 결실(結實)해 낼 것인지에
대한 것은 아무도 모른다.

그러나 이에 대한 희망(希望)이나 기대(期待)를 성취(成就)해 주실 분은 오
직 하나님 한분뿐이시다. 하나님께 대한 기대와 희망을 걸고 하나님의
처분에 맡기는 농부(農夫)와 같은 마음으로 하나님의 복음(福音)을 전파해
야 하고, 믿음을 가져야 한다. 하나님의 일을 하면서 당하고 겪는 고생
(苦生)이나 박해(迫害)는 비바람과 찬 이슬을 맡는 것과 같을 뿐이다.

> "나는 심었고 아볼로는 물을 주었으되 오직 하나님은 자라나게 하셨나니 그
> 런즉 심는 이나 물주는 이는 아무 것도 아니로되 오직 자라나게 하시는 하나님

뿐이니라 심는 이와 물주는 이가 일반이나 각각 자기의 일하는 대로 자기의 상을 받으리라 우리는 하나님의 동역자 들이요 너희는 하나님의 밭이요 하나님의 집이니라"(고전3:6-9)

# 13
## 깨어 있으라는 비유(譬喩)

"그러나 그 날과 그 때는 아무도 모르나니 하늘에 있는 천사들도 아들도 모르고 아버지만 아시느니라 주의하라 깨여 있으라 그 때가 언제인지 알지 못 함이니라 가령 사람이 집을 떠나 타국으로 갈 때에 그 종들에게 권한을 주어 각각 사무를 맡기며 문지기에게 깨어있으라 명함과 같으니 그러므로 깨어 있으라 집 주인이 언제 올는지 혹 저물 때일는지 밤중일는지 닭 울 때 일는지 새벽일는지 너희가 알지 못함이라 그가 홀연히 와서 너희의 자는 것을 보지 않도록 하라 깨어 있으라 내가 너희에게 하는 이 말이 모든 사람에게 하는 말이니라 하시니라"(막13:32-37)

예수께서 하신 이 말씀은 말세(末世)를 살아가는 현대인(現代人)들에게 당부하고 경고하시는 참으로 중요한 말씀이다. 이는 예수 그리스도의 재림(再臨)과 함께 이루어지게 될 역사(歷史)의 종말(終末)과 하나님의 심판(審判)이 있은 다음에 새롭게 전개(展開)될 영원한 천국(天國)과 지옥(地獄)의 형벌(刑罰)에 대한 경고(警告)의 말씀이다.

우선 시(時)와 때를 알지 못한다는 말씀에 유념(留念)해야 한다.

성경에 나오는 수치(數值)는 하나님 안에 때와 기한(期限)이 있으니 믿으라는 숫자이지, 결코 인간의 방식대로 계수하라는 숫자가 아니라는 점이다. 그리고 믿음은 순간적(瞬間的)인 것이나 일과성(一過性)의 것이 아니라 하나님을 향해서 영원(永遠)한 것이다.

그래서 성경은 이를 '하나님의 언약(言約, Covenant)'이라고 표현하고 있다. 또한 기다리는 자의 믿음은 밤이나 낮을 가리지 않는 믿음이어야 하고, 또 어떠한 핍박(逼迫)이나 괴로움이 부딪0쳐 와도 참고 이겨야 할 충성(忠誠)이라는 것을 강요한다. 하나님을 향한 성경적인 믿음은 일과성(一過性)의 것이 아니라 영원한 것이며, 조건적(條件的)인 것이 아니라 무조건적(無條件的)이어야 한다.

하나님을 향한 참 믿음은 세상이 감당(勘當)하지 못할 초월적(超越的)인 것의 실상(實狀, Substance)이 되어야 할 것이다. 이는 곧 성경에서 말씀하신 대로 언제나 '하나님이 보시기에 심히 좋았더라'라고 하신 말씀대로, 하나님이 보시기에 좋은 사람이 되어야 하고, 하나님이 보시기에 심히 좋은 사람을 만들어야 하고, 한 평생토록 하나님이 보시기에 심히 좋은 일을 해야 한다. (창1:31 참고)

# 14

## 두 채무자(債務者)의 비유(譬喩)

"한 바리새인이 예수께 자기와 함께 잡수시기를 청하니 이에 바리새인의 집에 들어가 앉으셨을 때에 그 동네에 죄인인 한 여자가 있어 예수께서 바리새인의 집에 앉으셨음을 알고 향유 담은 옥합을 가지고 와서 예수의 뒤로 그 발을 적시고 자기 머리털로 씻고 그 발에 입 맞추고 향유를 부으니 예수를 청한 바리새인이 이것을 보고 마음에 이르되 이 사람이 만일 선지자면 자기를 만지는 이 여자가 누구이며 어떠한 자 곧 죄인인줄을 알았으리라 하거늘 예수께서 대답하여 가라사대 시몬아 내가 네게 이를 말이 있다 하시니 저가 가로되 선생님 말씀하소서 가라사대 빚 주는 사람에게 빚진 자가 둘이 있어 하나는 오백 데나리온을 졌고 하나는 오십 데나리온을 졌는데 갚을 것이 없으므로 둘 다 탕감하여 주었으니 둘 중에 누가 저를 더 사랑하겠느냐 시몬이 대답하여 가로되 제 생각에는 많이 탕감함을 받은 자니이다 가라사대 네 판단이 옳다 하시고 여자를 돌아보시며 시몬에게 이르시되 이 여자를 보느냐 내가 네 집에 들어오매 너는 내게 발 씻을 물도 주지 아니 하였으되 이 여자는 눈물로 내 발을 적시고 그 머리털로 씻었으며 너는 내게 입 맞추지 아니하였으되 저는 내가 들어올 때로부터 내 발에 입 맞추기를 그치지 아니하였으며 너는 내 머리에 감람유도 붓지 아니하였으되 저는 향유를 내 발에 부었느니라 이러므로 내가 네게 말하노니 저의 많은 죄가 사하여졌도다 이는 저의 사랑함이 많음이라 사함을 받은 일이 적은 자는 적게 사랑하느니라 이에 여자에게 이르시되 네 죄 사함을 얻었느니라 하시니 함께 앉은 자들이 속으로 말하되 이가 누구이기에 죄도 사하는가 하더라 예수께서 여자에게 이르시되 네 믿음이 너를 구원하였으니 평안히 가라 하시니라"(눅7:36-50)

예수께서 한 바리새인의 집에 초대(招待)되어 함께 잡수실 때에 되어진 일을 가지고 비유로 말씀하셨다. 즉 예수께서 한 바리새인의 집에 초대(招待)되었다는 것은 특기(特記)할만한 사건이다. 그러나 죄인(罪人)이라고 지목된 한 여인(女人) 예수님께 행한 일은 너무도 순수(純粹)하고, 간절(懇切)하고, 진실(眞實)했다.

그래서 예수께서는 그의 마음을 아시고 칭찬하셨으며, 그의 성의(誠意)를 받아 주셨다. 내가 하나님 앞에서 결코 사(赦)하심을 받을 수 없는 죄인(罪人)이라는 것을 고백(告白)하는 참 믿음이 있다면 무슨 일을 마다하겠는가!


# 15
## 선(善)한 사마리아인의 비유(譬喩)

"어떤 율법사가 일어나 예수를 시험하여 가로되 선생님 내가 무엇을 하여야 영생을 얻으리이까 예수께서 이르시되 율법에 무엇이라고 기록되었으며 네가 어떻게 읽느냐 대답하여 가로되 네 마음을 다하며 목숨을 다하며 힘을 다하며 뜻을 다하여 주 너의 하나님을 사랑하고 또한 네 이웃을 네 몸과 같이 사랑하라 하였나이다 예수께서 이르시되 네 대답이 옳도다 이를 행하라 그러면 살리라 하시니 이 사람이 자기를 옳게 보이려고 예수께 여짜오되 그러면 내 이웃이 누구오니이까 예수께서 대답하여 가라사대 어떤 사람이 예루살렘에서 여리고로 내려가다가 강도 를 만나매 강도들이 그 옷을 벗기고 때려 거의 죽은 것을 버리고 갔더라 마침 한 제사장이 그 길로 내려가다가 그를 보고 피하여 지나가고 또 이와 같이 한 레위인도 그 곳에 이르러 그를 보고피하여 지나가되 어떤 사마리아인은 여행하는 중 거기 이르러 그를 보고 불쌍히 여겨 가까이 가서 기름과 포도주를 그 상처에 붓고 싸매고 자기 짐승에 태워 주막으로 데리고 가서 돌보아주고 이튿날에 데나리온 둘을 내어 주막 주인에게 주며 가로되 이 사람을 돌보아 주라 부비가 더 들면 내가 돌아올 때에 갚으리라 하였으니 네 의견에는 이 세 사람 중에 누가 강도 만난 자의 이웃이 되겠느냐 가로되 자비를 베픈 자니이다 예수께서 이르시되 가서 너도 너도 이와 같이 하라 하시니라"(눅10:25-37)

여기에서 예수께서 하신 비유(譬喩)의 말씀은 철저한 생활(生活)신앙을 뜻하는 말이다. 여기에서 말씀하신 예수님의 교훈의 뜻은 입이나 형식으로 나타내는 것이 성경적인 참 믿음이 아니라, 평상시(平常時)에도 그 믿음을 실천(實踐)하는 실상(實狀)을 나타내야 한다는 말씀이다.

현대 교회들이 교회마다 하나님께 드리는 헌금(獻金)의 명분을 자상하게 분류하여 ○○헌금, ○○헌금 등으로 모금을 한다. 성도들은 그 헌금의 종류에 따라서 자기가 원하는 명분으로 돈을 집어넣는다. 그렇다면 이것들이 다 하나님께서 보시기에 합당한 헌금이 되겠느냐, 아니면 마음에 없는 일이지만 사람의 눈에 보이기 위해서 하는 것이냐 하는 것은 하나님만이 아실 것이다.

그러나 여기에서 하신 예수님의 비유에 등장하는 인물을 중심으로 생각할 때에 한 사람은 제사장(祭司長)으로서 성직자(聖職者) 였고 또 한 사람은 분명히 성직자(聖職者)의 반열(班列)에 속한 신분의 사람이었다. 그러나 이들은 다 그대로 강도 만난 사람을 외면하고 지나갔다. 하지만 오직 이방 사람으로 아주 천하게 여기는 사마리아인이 그 길을 지나가다가 강도(强盜) 만난 사람을 보고 측은히 여겨서 즉시 자기의 나귀에다 태우고 여관으로 데리고 가서 온갖 치료(治療)를 다 해 준 다음 다시 그 집 주인에게 자기의 돈 두 데나리온까지 주면서 이 강도만난 사람을 돌보아 달라고 부탁을 했다. 그리고 또 하는 말이 만일에 부비가 더 들면 돌아오는 길에 더 주겠노라고 언약까지 해 주고 떠났다.

그러면서 예수께서는 '이 세 사람 가운데 누가 강도 만난 사람의 이웃이 되겠느냐' 라고 물으신 다음, 마지막으로 하신 말씀이, **"너도 이와 같이 하라"**(Go and do likewise.)라고 말씀하셨다. 현대를 살아가는 그리스도인들은 믿음의 실상이 없다. 그래서 하나님의 이름이 이방인 중에서 예배당에 다니는 사람들로 인해서 모독(冒瀆)을 받고 있다 (롬2:24 참고)

성경적인 믿음의 사람들은 말보다 더 실천(實踐)을 더 중요하게 여긴다.


# 16
## 한 밤중에 찾아온 친구(親舊)의 비유(譬喩)

> "또 이르시되 너희 중에 누가 벗이 있는데 밤중에 그에게 가서 말하기를 벗이여 떡 세 덩어리를 내게 빌리라 내 벗이 여행 중에 내게 왔으나 내가 먹일 것이 없노라 하면 그가 안에서 대답하여 이르되 나를 괴롭게 하지 말라 문이 이미 닫혔고 아이들이 나와 함께 침소에 누웠으니 일어나 네게 줄 수가 없노라 하겠느냐 내가 너희에게 말하노니 비록 벗됨을 인하여서는 일어나 주지 아니할지라도 그 강청함을 인하여 일어나 그 요구 대로 주리라"(눅11:5-8)

예수께서 이 비유(譬喩)를 말씀하신 것은 우리의 믿음이 실상(實狀)으로 나타나야 한다는 것을 더 알게 하기 위함이라는 것을 알 수 있다.

세상의 친구도 중요하지만 밤중에 찾아와서 떡을 빌려달라고 강청(强請)함을 뿌리칠 수가 없어서 떡을 빌려줬다. 우리가 하나님께 무엇을 구하는 기도도 진실하고 간절해야 할 것을 뜻하신 말씀이고, 또한 구하는 자의 마음이 진실하고 정직할 것을 뜻하신 말씀이라고 생각된다.

"구하라 그러면 너희에게 주실 것이요 찾으라 그러면 찾을 것이요 문을 두드리라 그러면 너희에게 열릴 것이니 구하는 이마다 얻을 것이요 찾는 이가 찾을 것이요 두드리는 이에게 열릴 것이니라 너희 중에 누가 아들이 떡을 달라하면 돌을 주며 생선을 달라하면 뱀을 줄 사람이 있겠느냐 너희가 악한 자라도 좋은 것으로 자식에게 줄줄 알거든 하물며 하늘에 계신 너희 아버지께서 구하는 자에게 좋은 것으로 주시지 않겠느냐"(마7:7-11)


# 17
## 어리석은 부자(富者)의 비유(譬喩)

"또 비유로 저희에게 일러 가라사대 한 부자가 그 밭에 소출이 풍성하매 심중에 생각하여 가로되 내가 곡식 쌓아들 곳이 없으니 어찌 할꼬 하고 또 가로되 내가 이렇게 하리라 내 곡간을 헐고 더 크게 짓고 내 모든 곡식과 물건을 거기 쌓아 두리라 또 내가 내 영혼에게 이르되 영혼아 여러 해 쓸 물건을 많이 쌓아 두었으니 평안히 쉬고 먹고 마시고 즐거워하자 하리라 하되 하나님은 이르시되 어리석은 자여 오늘 밤에 네 영혼을 도로 찾으리니 그러면 네 예비한 것이 뉘 것이 되겠느냐 하셨으니 자기를 위하여 재물을 쌓아두고 하나님께 대하여 부요치

**못한 자가 이와 같으니라"**(눅12:16-21)

예수께서 말씀하신 이 비유(譬喩)는 현대인들을 향한 직격탄(直擊彈)과 도 같은 말씀이다. 현대인들은 교회의 목사들을 비롯하여 모든 사람들이 한결같이 빠져드는 현실주의(現實主義)와 물질주의(物質主義)와 세속주의자(世俗主義者)들에게 주신 최후의 통첩(通牒)이요 경고(警告)의 말씀이라고 본다. 현대인들은 너무 지나칠 정도로 물질에 바져 있고 세상의 향락(享樂)에 도취(陶醉)해 있다.

교회에서는 하나님의 축복이라는 기복론(祈福論)을 앞 세워 예수 믿는 믿음의 외적인 축복으로 믿고 있다. 예수께서 하신 이 비유의 말씀을 토대로 생각할 때에 기복적인 믿음이나 물질에 취하여 세상적인 부(富)를 뽐내는 사람들에게는 영원한 하나님의 나라가 있을 수 없다는 것을 알게 한다.

아무리 많은 돈이나 재물로는 하나님의 나라에 갈 수 없다. 부자(富者)와 나사로의 비유에서도 알 수 있고 '하나님과 재물을 겸하여 섬길 수 없다'고 하신 예수님의 경고(警告)는 더욱 더 우리에게 실감적(實感的)인 경고(警告)요 교훈(敎訓)이라고 생각한다(마6:24, 눅16:16-31 참고)

현대인들은 돈을 사랑하고 그것을 경제(經濟, Economy)라는 논리로 합리화(合理化)하여 현대인들을 유혹하고, 그리스도인들은 그것을 하나님의 축복이라고 하여 거기에 주저앉고 만다. 그리스도인들에게도 세상에서의 부귀영화(富貴榮華)를 결코 부정하지는 않는다. 그러나 그것을 목적으로 삼는다든지 거기에 안주(安住)해서는 안 된다는 말이다.

그것은 더 큰 그리스도인의 사랑을 베풀기 위한 기회(機會)일뿐 결코 그것이 나의 자랑이나 자존심(自尊心)이 되어서는 안 된다. 내가 믿는 하나님 아버지는 만유의 주인이시다.

하나님의 자녀(子女)들에게는 하나님의 후사(後嗣)로서 상속권(相續權)이 있다. 그러나 그것은 이 세상에서의 물질(物質)이 아니라 영원한 천국(天國)에서 영생(永生)하는 평화요 행복이다.

현대인들을 유혹하는 경제(經濟)는 참 가치관(價值觀)의 전도(顚倒)라는 위기(危機)를 몰고 왔는데도 사람들은 그것을 모르고 오직 경제제일주의(經濟第一主義)로만 가려고 하고, 그것이 하나님의 교회에 들어와서 기복(祈福)이라는 논리(論理)로 합리화(合理化) 되어가고 있으니, 예수께서는 이를 비관적으로 슬퍼 하사, "인자가 올 때에 세상에서 믿음을 보겠느냐?"라고 한탄을 하셨다(눅18:8 참조)

사람들이 생각하는 부귀영화(富貴榮華)로는 결코 영혼의 안식(安息)이나 행복(幸福)을 가져올 수 없다. 거듭 말하거니와 이 세상에서의 재물은 예수 그리스도의 사랑을 나타내기 위함일 뿐 영혼의 안식을 위함이 아니라는 것을 명심해야 한다.

# 18

## 깨어있는 종들의 비유(譬喩)

> "허리에 띠를 띠고 등불을 켜고 서있으라 너희는 마치 그 주인이 혼인 집에서
> 돌아와 문을 두드리면 곧 열어주려고 기다리는 사람과 같이 되라 주인이 와서
> 깨어있는 것을 보면 그 종들은 복이 있으리로다 내가 진실로 네게 이르노니 주
> 인이 띠를 띠고 그 종들을 자리에 앉히고 나아와 수종들리라 주인이 혹 이경에
> 나 혹 삼경에 이르러서도 종들의 이 같이 하는 것을 보면 그 종들은 복이 있으
> 리로다 너희도 아는 바니 집 주인이 만일 도적이 어느 때에 이를 줄 알았다면 그
> 집을 뚫지 못하게 하였으리라 이러므로 너희도 예비하고 있으라 생각지 않은 때
> 에 인자가 오리라 하시니라"(눅12:35-40)

예수께서 하신 이 비유(譬喩)의 말씀은 역사(歷史)의 종말기(終末期)를 살
아가는 하나님의 종들과 성도들에게 당부하신 뜻이 구구절절이 담겨져
있는 비유의 말씀이다. 이 말씀을 보면 첫째는 허리에 띠를 띠고 있으
라 하심이요, 둘째는 깨어 있으라 하심이요, 셋째는 등불을 켜고 있으
라 하심이요, 넷째는 주인의 오심을 기다리라 하심이다.

이 말씀의 참 뜻은 띠는 진리(眞理)로 무장(武裝)을 하고 있으라 하심이
고, 깨어 있으라 하심은 영혼(靈魂)이 항상 정신을 차리고 있어야 한다 하
심이요, 등불을 켜라고 하심은 성령(聖靈)으로 영력(靈力)을 갖추라 하심
이요, 주인의 오심을 기다리라 하심은 항상 예수 그리스도의 재림(再臨)
에 들어갈 준비를 갖추고 있어야 한다는 말씀이다. (엡6:10-18 참고)

세상이 죄악의 관영으로 믿고 살아가기가 어려울수록 예수 그리스도의 재림(再臨)이 임박했다는 것을 알고 하나님의 심판과 천국에 들어갈 준비를 갖추어야 할 것을 비유(譬喩)로 말씀해 주셨다.


# 19
## 지혜(智慧)있는 청지기의 비유(譬喩)

"주께서 가라사대 지혜 있고 충실한 청지기가 되어 주인에게 그 집종들을 맡아 때를 따라 양식을 나누어 줄 자가 누구냐 주인이 이를 때에 그 종이 이렇게 하는 것을 보면 그 종이 복이 있으리로다 내가 참으로 너희에게 이르노니 주인이 그 모든 소유를 그에게 맡기리라 만일 그 종이 마음에 생각하기를 주인이 더디 오리라 하여 노비를 때리며 먹고 마시고 취하게 되면 생각지 않은 날 알지 못하는 시간에 그 종의 주인이 이르러 엄히 때리고 신실치 아니한 자의 받는 벌에 처하리니 주인의 뜻을 알고도 예비치 아니하고 그 뜻대로 행치 아니한 종은 많이 맞을 것이요 알지 못하고 맞을 일을 행한 종은 적게 맞으리라 무릇 많이 받은 자에게는 많이 찾을 것이요 많이 맡은 자에게는 많이 달라 하시리라"(눅12:42-48)


아마도 예수께서 하신 이 비유의 말씀은 치리권(治理權)을 행사하는 목회자(牧會者)들을 향하신 비유(譬喩)의 말씀이라고 생각하면 될 것으로 믿는다. 교회는 결코 목사의 것도 아니고, 교인들의 것이 아니라, 전적으로 하나님의 것이다. 이는 곧 현대판(現代版) 우리 교회 운동의 잘못을 지적하심이라고 생각된다.

하나님의 교회를 맡은 목회자들의 생각에는 우리교회의 주인이 곧 자기라고 생각하는 착각(錯覺)을 일으킬 수 있다. 그러나 이는 곧 물질 중심의 사상에서가 아니면 전혀 있을 수 없는 하나님께 대한 역행(逆行)이요 반역(叛逆)이다. 그런데도 날이 갈수록 현대교회 운동은 그렇게 가고 있다. 자기의 것을 가지고 하나님을 한계(限界) 짓지 말아야할 것이다.

# 20
## 열매 맺지 않는 무화과(無花果)나무 비유(譬喩)

> "이에 비유로 말씀하시되 한 사람이 포도원에 무화과나무를 심은 것이 있더니 와서 그 열매를 구하였으나 얻지 못한지라 과원지기에게 이르되 내가 삼년을 와서 이 무화과나무에 실과를 구하되 얻지 못하니 찍어버리라 어찌 땅만 버리느냐? 대답하여 가로되 주인이여 금년에도 그대로 두소서 내가 두루 파고 거름을 주리니 이 후에 만일 실과가 열면이어니와 그렇지 않으면 찍어버리소서 하였다 하시니라"(눅13:6-9)

이는 우리 인생 전체를 두고 하시는 비유라고 생각하면 될 것이다. 사람이면 누구에게나 기회가 주어져있다. 이는 곧 사람들이 말하는 나이는 하나님께서 그에게 주신 기회(機會)라고 생각하면 될 것이다. 사람이면 누구에게나 기회(機會)가 주어지는데 바로 그것이 자기의 나이라는 것이다. 누구에게나 나이를 먹는 것처럼, 하나님께서 한 인생에게 주신 기회가 있고, 그 기회를 어떻게 선용(善用)하느냐에 따라서 그 사람의 운명(運命)이 결정된다.

포도원의 주인이 포도원지기를 두듯이 이 세상에는 많은 사람들이 살아가면서 자기에게 도움을 줄 수 있고, 또한 기회(機會)를 베풀 수 있다. 그런데도 어떤 사람은 자기의 노력(努力)으로 결실(結實)을 맺지만, 또 어떤 사람은 자기의 게으름 때문에 같은 기회(機會)를 잃어버린다. 사람을 만드는 것은 첫째는 자기와의 싸움에서 이겨야 하고, 다음은 시간과의 싸움에서 이겨야 한다. 그런데도 대부분의 사람들은 부모나 돈에다 자기를 맡기고 의존(依存)하는 습관이 있다.

하나님께서는 최선(最善)의 노력을 다하는 사람에게는 풍성하게 주시나 노력하지 않은 사람에게는 주시지 않는다. 하나님께서는 결실(結實)이 없는 포도나무는 그 주인이 찍어서 불사르듯이 찍어 버릴 것이고, 아름다운 열매를 맺는 사람에게는 더 많이 맺도록 하나님의 살피심이 따를 것이다. 하나님의 참으심에도 한계(限界)가 있다는 것을 알고 살았을 때에 최선(最善)을 다하자.

# 21

## 큰 잔치에 초청(招請)한 비유(譬喩)

"이르시되 어떤 사람이 큰 잔치를 배설하고 많은 사람을 청하였더니 잔치할 시간에 그 청하였던 자들에게 종을 보내어 가로되 오소서 모든 것이 준비 되었나이다 하매 다 일치하게 사양하여 하나는 가로되 나는 밭을 샀으매 불가불 나가 보아야 하겠으니 청컨대 나를 용서하도록 하라 하고 또 하나는 가로되 나는 소 다섯 거리를 샀으매 시험하러 가니 청컨대 나를 용서하도록 하라 하고 또 하나는 가로되 나는 장가들었으니 그러므로 가지 못 하겠노라 하는지라 종이 돌아와 주인에게 그대로 고하니 이에 집 주인이 노하여 그 종에게 이르되 빨리 시내의 거리와 골목으로 나아가서 가난한 자들과 병신들과 소경들과 저는 자들을 데려오라 하니라 종이 가로되 주인이여 명하신 대로 하였으되 오히려 자리가 있나이다 주인이 종에게 이르되 길과 산 울가로 나가서 사람을 강권하여 데려다가 내 집을 채우라 내가 너희에게 말하노니 전에 청하였던 그 사람은 하나도 내 잔치를 맛보지 못하리라 하였다 하시니라"(눅14:16-24)

지금 현대교회에서 행하는 기독교 운동은 하나님의 잔치에 초대(招待)됨과 같은 운동이다. 여기에는 이미 초청되었던 유대인만이 아니라 수많은 이방인(異邦人)과 신분(身分)에 차별(差別)이 없이 '누구든지'였으나, 그렇다고 해서 모인 사람의 다가 아니라 하나님의 뜻에 맞는 선민(選民)으로 국한(局限)됨을 뜻하신 말씀이다.

현대판 기독교 운동은 참으로 포괄적(包括的)이고 전체적(全體的)이다. 그러나 하나님의 참뜻은 모여든 사람의 전체가 아니라, 하나님의 선택권(選擇圈) 안에 든 사람으로 국한(局限)될 것이다. 그래서 우리는 주장하기를 예수 그리스도의 십자가 대인 속죄 구원은 그 범위(範圍)로는 전체적이나 그 효과(效果)는 선민(選民)으로 제한(制限)을 받게 될 것이라고 믿는다.

여기에는 세상주의(世上主義)를 비롯하여 물질주의(物質主義), 배금주의(拜金主義), 이기주의(利己主義), 향락주의(享樂主義)의 모든 것들은 전혀 하나님의 나라와는 상관이 없다는 것을 뜻하신 말씀이다. 그래서 성경적인 참 믿음은 이 세상을 초월한 내세지향적인(來世指向的)인 하나님의 사람들로 국한(局限) 될 것을 뜻하신 말씀이다.

# 22

## 망대(望臺)와 건축비용(建築費用)의 비유(譬喩)

> "너희 중에 누가 망대를 세우고자 할 진대 자기의 가진 것이 준공하기까지에 족할는지 먼저 앉아 그 비용을 계산하지 아니하겠느냐 그렇게 아니하여 그 기초만 쌓고 능히 이루지 못하면 보는 자가 다 비웃어 가로되 이 사람이 역사를 시작하고 능히 이루지 못하였다 하리라 또 어느 임금이 다른 임금과 싸우려 갈 때에 먼저 앉아 일만으로 저 이만을 가지고 오는 자를 대적할 수 있을까 헤아리지 아니하겠느냐 만일 못할 터이면 저가 아직 멀리 있을 동안에 사신을 보내어 화친을 청할지니라 이와 같이 너희 중에 누구든지 자기의 소유를 버리지 아니하면 능히 내 제자가 되지 못하리라"(눅14:28-33)

예수께서 말씀하신 비유(譬喩)들 가운데서도 그 뜻이 가장 쉬운 것 같으면서 난해(難解)한 말씀이라고 생각된다. 그러나 이는 사람들이 어떤 일을 착수하기 전에 먼저 타산을 해보고 일을 해야 한다는 것을 뜻하신 말씀이다. 그러면서 또한 목회자들과 성도들이 함께 천국과 이세상과를 비교하여 보고 더 좋은 것을 택하기 위해서는 더 못한 것 하나를 버려야 한다는 것을 알게 하신다. 이는 현실적으로 이 세상에 대한 미련을 가지고는 하나님 나라에 들어갈 수 없다는 것을 나타내는 말씀이다. 그러므로 우리가 예수를 믿고 구원을 받아야 한다는 것과, 이 세상과 영생하는 세계와, 천국(天國)과 지옥(地獄)에 대한 바른 판단을 촉구하시는 말씀이라고 생각한다.

망대(望臺)를 짓는 일이나, 전쟁(戰爭)을 하는 일에 막연히 부딪칠 수는 없다. 사전에 타산을 해보고 전략을 세워야 하는데, 그 기준은 상대(相對)를 알기 이 전에 자기의 처지와 사정부터 헤아려 보고 실전에 임해야 한다는 말씀이다. 전쟁(戰爭)을 하기 위해서는 먼저 자기의 실체부터 확인을 하고 전략(戰略)을 세워야 한다.

우리가 영생을 얻어서 천국에 이르는 것도 막연한 일이 아니라 깊이 생각하고 다듬어서 계획하신 하나님의 일이라는 것을 알아야 한다.

# 23
## 잃은 양(羊) 한 마리의 비유(譬喩)

"예수께서 저희에게 이 비유로 이르시되 너희 중에 어느 사람이 양 일백 마리
가 있는데 그 중에 하나를 잃으면 아흔아홉 마리를 들에 두고 그 잃은 양을 찾
도록 찾아다니지 아니하느냐? 또 찾은즉 즐거워 어깨에 메고 집에 와서 그 벗과
이웃을 불러 모으고 말하되 나와 함께 즐기자 나의 잃은 양을 찾았노라 하리라
내가 너희에게 이르노니 이와 같이 죄인 하나가 회개하면 하늘에서는 회개할 것
없는 의인 아흔 아홉을 인하여 기뻐하는 것보다 더 하리라"(마18:12-14, 눅15:3-7)

예수께서 하신 이 비유의 말씀은 비유의 말씀 스스로가 설명까지 해
주고 있다. 그러나 우리가 이 비유의 말씀을 통해서 알아야 할 것은 하
나님 앞에서 의인(義시)된 자의 가치와 비중을 알게 하시는 말씀이다. 한
생명의 소중성과 가치는 천하를 주고도 바꿀 수 없는 것이다. 그러므로
한 사람의 영혼을 건졌다는 것은 하나의 우주(宇宙)를 얻었다 함보다 더
크고 값지다.

또한 기독교 운동은 이 소중한 가치를 찾기 위하여 수많은 투자(投資)
를 아끼지 않는다는 것을 알게 하시는 말씀이다. 그것은 한 마리의 양
(羊)을 사기 위한 값보다도 잔치에 드는 비용이 많을 수도 있다. 그러나
잃은 양을 되찾은 주인의 마음은 자기의 기쁨이 어떤 돈이나 물질로는
비교(比較)될 수 없다는 것을 알게 하시는 말씀이다.

# 24

## 잃어버린 드라크마의 비유(譬喻)

> "어느 여자가 열 드라크마가 있는데 하나를 잃으면 등불을 켜고 집을 쓸며 찾
> 도록 부지런히 찾지 않겠느냐 또 찾은즉 벗과 이웃을 불러 모으고 말하되 나와
> 함께 즐기자 잃은 드라크마를 찾았노라 하리라 내가 너희에게 이르노니 이와 같
> 이 죄인 하나가 하나님의 사자들 앞에 기쁨이 되느니라"(눅15:8-10)

우리는 예수께서 하신 이러한 비유(譬喻)의 말씀을 생각해 볼 때에 새
신자(信者) 한사람에 대한 취급이 너무도 형식적이고 소홀했다는 것을
알게 한다. 역시 잃었던 물건이나, 돈이나, 양(羊)을 되찾게 되면 이웃을
불러놓고 잔치를 베풀면서 함께 즐거워한다고 하셨다. 이는 분명히 되
찾은 것의 값이 아니라, 그것을 되찾은 사람의 즐거움을 함께 나누기
위해서라고 하셨다. 이는 곧 한 사람이 회개하고 돌아오면 성경대로 말
해서 하나의 천하를 얻는 것보다 더 할 것이다. 그러나 그것보다 더 크
고 소중한 것은 하나님의 영광이다. 하나님께서는 엿새 동안에 천지만
물을 창조하시고 그것들을 보시니 보시기에 심히 좋은 것들이었다. 그
런데 우리 인간의 범죄로 인하여 하나님의 영광에 상처(傷處)를 입게 되
었다.

그러므로 한 사람이 회개하고 하나님께로 돌아오면 그 사람에게는
천하를 주고도 바꿀 수 없는 자기의 영혼의 구원함이 될 것이나, 하나
님께는 창조주 하나님의 원창조(原創造)가 회복됨을 인하여 갖는 영광은
어느 사물에 비교할 수 없는 것이라는 말씀이다. 한 푼의 은전(銀錢)이 우

물에 빠졌는데 열 사람의 인부를 드려서 그 우물물을 퍼내고 한 푼을 되찾았으며 또 그 은전의 되찾음을 인하여 더 많은 비용을 드려서라도 사람들을 초청하여 잔치를 베풀었다면 이는 화폐(貨幣)의 가치로는 능히 계수할 수 없는 마음의 기쁨이라는 것을 알게 해 주시는 말씀이다.

# 25
## 돌아온 탕자(蕩子)의 비유(譬喩)

"또 가라사대 어떤 사람이 두 아들이 있는데 그 둘째가 아비에게 말하되 아버지여 재산 중에서 내게 돌아올 분깃을 내게 주소서 하는지라 아비가 그 살림을 각각 나눠주었더니 그 후 몇일이 못되어 둘째 아들이 재물을 다 모아 모아가지고 먼 나라에 가 거기서 허랑방탕하여 그 재산을 허비 하더니 다 없이 한 후 그 나라에 크게 흉년이 들어 저가 비로소 궁핍한지라 …… 내가 일어나 아버지께 가서 이르기를 아버지여 내가 하늘과 아버지께 죄를 얻었사오니 지금부터는 아버지의 아들이라 일컬음을 감당치 못하겠나이다 나를 품군의 하나로 보소서 하리라 하고 이에 일어나서 아버지께로 돌아 가니라 …… 아들이 가로되 아버지여 내가 하늘과 아버지께 죄를 얻었사오니 지금부터는 아버지의 아들이라 일컬음을 감당치 못하겠나이다 하나 아버지는 종들에게 이르되 제일 좋은 옷을 내어다가 입히고 손에 가락지를 끼우고 발에 신을 신기라 그리고 살진 송아지를 끌어다가 잡으라 우리가 먹고 즐기자 이 내 아들은 죽었다가 다시 살아 났으며 내가 잃었다가 다시 얻었노라 하니 저희가 즐거워 하더라 …… 이 네 동생은 죽었다가 살았으며 내가 잃었다가 얻었기로 우리가 즐거워하고 기뻐하는 것이 마땅하다 하니라"(눅15:11-35)

예수께서 말씀하신 비유들 가운데 여기에서 말씀하신 탕자(蕩子)의 비유(譬喩)만큼 감동적(感動的)인 비유는 더 없을 것이다. 하나님께서 우리 인간의 회개(悔改)를 촉구하시는 교훈들 가운데서도 이 말씀만큼 실감(實感)나게 사람의 마음을 흔들어 놓은 말씀을 다른 곳에서는 찾아보기가 어려울 것이다. 솔직하게 말해서 자기의 잘못을 뉘우치고 회개하는 탕자(蕩子)의 말은, "내가 하늘과 아버지께 죄를 얻었으니 이 후로는 아들이라 함을 감당치 못하겠으나 품군의 하나로 써 주십시요"라고 하는 것이었다.

그러나 탕자의 아버지는 집 나간 둘째 아들을 날마다 기다렸고, 그에게 입혀줄 의복(衣服)과, 신겨줄 신발과, 끼워줄 반지를 준비해 두었고, 또 이웃을 초청하여 함께 즐기면서 하는 말이, 이 내 아들은 죽었다가 다시 살아났고, 잃었다가 내가 찾았노라 라고 하면서 함께 즐기자고 했다. 우리 인간의 범죄(犯罪)와 타락(墮落)은 너무도 지나쳐서 하늘과 아버지께 죄를 얻어서 아들됨을 감당할 수 없는 지경에 이르렀다.

그러나 목숨이라도 부지하여 먹고 살기 위해서 품군의 한 사람으로라도 받아주시기만 한다면 그것으로 족할 뿐이었다. 그러나 아버지의 마음은 그 아들과는 전혀 달랐다. 집을 나가기 전에 가졌던 지위(地位)를 회복시켜 주었고, 그동안 못다 한 아버지의 사랑을 다시 쏟아 부어 주셨다. 그리고 이웃들과 함께 잔치를 베풀고 즐겼다.

여기에서 우리 인간들의 구원을 향하신 하나님의 마음을 알게 하고, 우리인간의 회개가 하나님의 원창조의 회복이라는 것을 알게 한다. 하나님 앞에서 나는 영원히 죽을 수밖에 없는 죄인이요 버린 자식이다.

그러나 하나님께서는 문(門)을 열어놓고, 모든 것을 준비해 두시고, 회개하고 돌아오기를 날마다 기다리신다.

우리 기독교 운동은 범죄하고 타락한 인간들이 자기의 잘못을 뉘우치고 회개하며 돌아오게 하는 운동이다. 그의 행동을 묻거나 탓하지 말고, 아들 됨을 감당하지 못하겠다는 마음으로 눈물로서 회개하고 돌아오면 지난날의 과거는 묻지 않고 사(赦)해 주시는 하나님께로 돌아가기만 하면 다 해결해 주신다.

하나님께서는 나 같은 죄인을 반갑게 맞아 주실 것이고, 나에게도 새 것으로 입혀 주시려고 분비해 두셨고, 함께 즐기기 위한 준비도 다 해 놓고 기다리신다.

---

**찬송**

1  돌아와 돌아와 맘이 곤한 이여
   길이 참 어둡고 매우 험악하니

2  돌아와 돌아와 해가 질때까지
   기다리고 계신 우리 아버지께

3  돌아와 돌아와 환난 있는 곳과
   죄가 있는 곳과 미혹 받는데서

4  돌아와 돌아와 집에 돌아오라
   모든 것 풍성한 아버지 집으로

후렴  집을 나간 자여 어서와 돌아와 어서와 돌아오라

---

# 26

## 불의(不義)한 청지기의 비유(譬喩)

"또한 제자들에게 이르시되 어떤 부자에게 청지기가 있었는데 그가 주인의
소유를 허비한다는 말이 그 주인에게 들린지라 주인이 저를 불러 가로되 내가
네게 대하여 들은 이 말이 어찜이뇨 너 보던 일을 셈하라 청지기 사무를 계속하
지 못하리라 하니 청지기가 속으로 이르되 주인이 내 직분을 빼앗으니 내가 무
엇을 할꼬 땅을 파자니 힘이 없고 빌어먹자니 부끄럽구나 내가 할 일을 알았도
다 이렇게 하면 직분을 빼앗긴 후에 저희가 나를 자기 집으로 영접하리라 하고
주인에게 빚진자를 낱낱이 불러다가 먼저 온 자에게 이르되 네가 내 주인에게
얼마나 졌느뇨 말하되 기름 백말이니이다 가로되 여기 네 증서를 가지고 빨리
앉아 오십이라 쓰라 하고 또 다른이에게 이르되 너는 얼마나 졌느뇨? 가로되 밀
백석이니이다 이르되 여기 네 증서를 가지고 팔십이라 쓰라 하였는지라 주인이
이 옳지 않은 청지기가 일을 지혜있게 하였으므로 이 세대의 아들들이 자기 시
대에 있어서는 빛의 아들들보다 더 지혜로움이니라 내가 말하노니 불의의 재물
로 친구를 사귀라 그리하면 없어질 때에 저희가 영원한 처소로 너희를 영접하
리라"지극히 작은 것에 충성된 자는 큰 것에도 충성 되고 지극히 작은 것에 불
의한 자는 큰 것에도 불의 하니라 너희가 만일 불의한 재물에 충성치 아니하면
누가 너희의 것을 너희에게 주겠느냐 집 하인이 두 주인을 섬길 수 없나니 혹 이
를 미워하고 저를 사랑하거나 혹 이를 중히 여기고 저를 경히 여길 것임이니라
너희가 하나님과 재물을 겸하여 섬길 수 없느니라"(눅16:1-9)


분명히 이 청지기는 그 주인에게 잘 못했다. 그런데도 그 청지기는
주인의 재물을 가지고 지혜를 발휘했다. 비록 자기의 재물은 아닐지라
도 그 재물을 가지고 작기의 후일을 위해서 빚진 자들의 빚을 삭감(削減)
해 줌으로써 주인에게서 파면(罷免)을 당했을 때에 자기를 영접해 줄 대

책을 준비했다. 이 같은 종의 지혜롭게 행한 것을 보고 하는 말이 '불의의 재물로 친구를 사귀라. 그리하며 없어질 때에 저희가 영원한 처소로 너희를 영접하리라'고 오히려 칭찬을 했다.

우리가 이 세상을 살아가는 동안에는 재물(財物)이 있어야 한다. 그러나 그것은 영원한 자기의 소유(所有)가 아니라 잠간 있다가 없어질 불의(不義) 것이다. 그러므로 그 재물(財物)을 가지고 더 많은 사람에게 사랑을 베풀고 덕(德)을 쌓아야 할 것을 보여 주셨다.

그 재물은 영원한 것이 아니라 냉정하게 나를 배신하고 내 곁을 떠나갈 것이다. 또한 그 재물을 가지고 더 많은 친구를 사귀는 것이 더 지혜로운 일이다.

> "가로되 내가 모태에서 적신이 나왔은즉 또한 적신이 그리로 돌아 가올지라 주신 자도 여호와시요 취하신 자도 여호와시오니 여호와의 이름이 찬송을 받으실지니이다 하고"(욥1:21)

# 27
## 부자(富者)와 나사로의 비유(譬喩)

> "한 부자가 있어 자색 옷과 고운 베옷을 입고 날마다 호화로이 연락하는데 나사로라 이름한 거지가 헌데를 앓으며 그 부자의 대문에 누워 부자의 상에서 떨어지는 것으로 배불리려 하매 심지어 개들이 와서 헌데를 핥더라 이에 그 거지

가 죽어 천사들에게 받들려 아브라함의 품에 들어가고 부자도 죽어 장사되매 저가 음부에서 고통 중에 눈을 들어 멀리 아브라함과 그의 품에 있는 나사로를 보고 불러 가로되 아버지 아브라함이여 나를 긍휼히 여기사 나사로를 보내어 그 손가락 끝에 물을 찍어 내 혀를 서늘하게 하소서 내가 이 불꽃 가운데서 고민하나이다 아브라함이 가로되 애 너는 살았을 때에 네 좋은 것을 받았고 나사로는 고난을 받았으니 이것을 기억하라 이제 저는 여기서 위로를 받고 너는 고민을 받느니라 이뿐 아니라 너희와 우리 사이에 큰 구렁이 있어 여기서 너희에게 가고자 하되 할 수 없고 거기서 우리에게 건너 올 수도 없게 하였느니라 가로되 그러면 구하노니 아버지여 나사로를 내 아버지의 집에 보내소서 내 형제 다섯이 있으니 저희에게 증거하게 하여 저희로 이 고통 받는 곳에 오지 않게 하소서 아브라함이 가로되 저희에게 모세와 선지자들이 있으니 그들에게 들을 지니라 가로되 그렇지 아니 하니이다 아버지 아브라함이여 만일 죽은 자에게서 저희에게 가는 자가 있으면 회개 하리이다 가로되 모세와 선지자들에게 듣지 아니하면 비록 죽은 자 가운데서 살아나는 자가 있을 디라도 권함을 받지 아니하리라 하였다 하시니라"(눅16:19-31)

이는 참으로 많이 사용되는 비유(譬喩)로서 특히 신학적(神學的)으로 종말론(終末論)의 내세(來世)에 대한 문제를 논할 때에 많이 응용되는 말씀이다. 한 부자(富者)와 거지 나사로는 이 세상에서 살아가는 동안에는 감히 비교가 안 될 정도로 호화스러움과 절절한 고난으로 대조적이었다. 그러나 부자도 죽고, 거지 나사로도 다 이 세상을 등지고 죽었다. 그러나 죽은 다음에 되어지는 내세의 모습은 정 반대이었다.

부자는 음부(陰部)의 불꽃 가운데서 고통중에 있었고, 그와는 반대로 거지 나사로는 믿음의 조상(祖上) 아브라함의 품에 안겨서 위로(慰勞)를 받고 있었다. 그 때에 부자는 아브라함에게 청하여 나사로의 도움을 구

했으나 서로의 거처(居處)가 달라서 내왕(來往)이 될 수 없는 곳이라고 말하고 있다.

또한 부자가 나사로를 보내서 자기의 형제들만은 이러한 곳에 오지 않도록 해 달라고 했으나, 아브라함은 그것까지도 거절하면서 하는 말이, "세상에는 모세와 선지자가 있다"는 말로 부자의 소청을 다 거절해 버렸다. 이는 하나님의 율법(律法)과 복음(福音)이 있으므로 그 말을 들을 것이고, 세상에서 영혼과 육신이 함께 붙어 있을 때에만 기회가 주어진다는 것을 분명히 했다.

우리는 성경의 진리(眞理) 이상은 없다고 믿는다.

어떠한 신학자(神學者)들의 주장이나 의견에도 속아넘어갈 필요는 없다. 성경의 진리(眞理)대로 믿기만 하면 된다. 그리고 죽은 다음에는 또 다시 구속(救贖)의 기회가 주어지지 않는다는 것을 분명히 하고 있다.

한 마디로 말해서 우리 인간에게는 영혼(靈魂)과 육신(肉身)이 함께 붙어 있는 이 세상에서의 삶이 구원(救援)의 기회(機會)로서 자기의 선택(選擇)이 어느 정도는 가능하나 일단 영혼과 육신이 나누어진 다음에는 또 다시 기회가 있을 수 없다. 이 세상에는 모세를 통해서 주신 하나님의 율법과 선지자들이 증언한 성경이 있을 뿐이다.

사람이 일단 죽은 다음에는 하나님의 관리하에 들어간다.

# 28
## 무익(無益)한 종의 비유(譬喩)

> "너희 중에 뉘게 밭을 갈거나 양을 치거나 하는 종이 있어 밭에서 돌아오면
> 저더러 곧 와 앉아서 먹으라 할 자가 있느냐? 도리어 저더러 내 먹을 것을 예비
> 하고 띠를 띠고 나의 먹고 마시는 동안에 수종 들고 너는 그 후에 먹고 마시라
> 하지 않겠느냐 명한 대로 하였다고 종에게 사례하겠느냐 이와 같이 너희도 명
> 령 받은 것을 다 행한 후에 이르기를 우리는 무익한 종이라 우리의 하여야 할 일
> 을 한 것뿐이라 할지니라"(눅17:7-10)

그렇다. 우리가 하나님의 일을 한다는 것은 어떤 권리(權利)나 자격(資
格)을 논하기 이 전에 창조주(創造主) 하나님께 지으심을 받은 피조물(被造
物)이요, 또한 모든 피조물을 대표하여 하나님께서 지으신 모든 것들을
다스리고 주관해야 할 만물의 영장(靈長)으로서 하나님의 명(命)을 받은
하나님의 일군으로서 하는 것이다. 그러므로 나에게 어떤 권리(權利)나
자격(資格)이 있기 때문에서가 아니라, 사도(使徒) 바울의 말대로 하나님
께서 나를 은혜로 들어서 하나님의 일을 하게 하셨으니(고전15:10 참고) 나
는 하나님 앞에서 전혀 무익(無益, Un-useless)한 종이로되, 하나님의 은혜
가 너무도 크고 감사해서 그저 충성(忠誠)과 순종(順從)을 다해서 일을 해
야 한다는 것을 알게 할 뿐이다.

사람들끼리는 누구나 다 동등(同等)하기 때문에 인권(人權)이라는 말이
나 권리(權利)라는 말이 통한다. 이는 곧 하나님의 기뻐하심 곧 하나님의
영광(榮光)을 위해서 존재하고, 하나님의 뜻을 이루어 드리기 위한 믿음

과 순종과 충성이 요구 될 뿐이다.

# 29
## 불의(不義)한 재판관(裁判官)의 비유(譬喩)

> "항상 기도하고 낙망치 말아야 될 것을 저희에게 비유로 하여 가라사대 어떤 도시에 하나님을 두려워 아니하고 사람을 무시하는 한 재판관이 있는데 그 도시에 한 과부가 있어 자주 그에게 가서 내 원수에 대한 나의 원한을 풀어 주소서 하되 그가 얼마 동안 듣지 아니하다가 후에 속으로 생각하되 내가 하나님을 두려워 아니하고 사람을 무시하나 이 과부가 나를 번거롭게 하니 내가 그 원함을 풀어 주리라 그렇지 않으면 늘 와서 나를 괴롭게 하리라 하였느니라 주께서 또 가라사대 불의한 재판관의 말한 것을 들으라 하물며 하나님께서 그 밤낮 부르짖는 택하신 자들의 원한을 풀어주지 아니 하시겠느냐 저희에게 오래 참으시 겠느냐 내가 너희에게 이르노니 속히 그 원한을 풀어 주리라 그러나 인자가 올 때에 세상에서 믿음을 보겠느냐 하시니라"(눅18:1-8)

우리는 위에 비유한 말씀을 통해서 참으로 많은 것을 깨달아 알아야 한다. 나라고 하는 존재는 하나님 앞에서 별로 존재의 가치조차도 없는 과부와 같은 존재의 천한 사람이다. 그런데도 세상을 살아가기 위해서 는 소원(所願)이 있고, 상대(相對)가 있고, 원한도 있을 수 있다. 그래도 귀 찮을 정도로 하나님께 부르짖어야 한다. 그러나 그 부르짖음이 하나님 의 뜻에 맞는 것이 되어야 한다.

Parables of Jesus Christ

우리는 여기에서 부르짖음과 참 믿음은 별개(別個)의 것이라는 것을 알 수가 있다. 예수께서 끝으로 하신 말씀이 "…… 그러나 인자가 올 때에 세상에서 믿음을 보겠느냐?"라고 하신 말씀이다. 세상 역사의 종말기를 살아가는 사람들의 마음은 너무 지나칠 정도로 세속적(世俗的)이고 육체적(肉體的)이고 향락적(享樂的)이어서 끝까지 이 세상에 안주(安住) 하려는 것 같다.

# 30
# 바리새 인과 세리(稅吏)의 기도비유(祈禱譬喩)

> "또 자기를 의롭다고 믿고 다른 사람을 멸시하는 자들에게 이 비유로 말씀하시되 두 사람이 기도하려 성전에 올라가니 하나는 바리새인이요 하나는 세리라 바리새인은 서서 따로 기도하여 가로되 하나님이여 나는 다른 사람들 곧 토색 불의 간음을 하는 자들과 같지 아니하고 이 세리와도 같지 아니함을 감사하나이다 나는 이레에 두 번씩 금식하고 또 소득의 십일조를 드리나이다 하고 세리는 멀리 서서 감히 눈을 들어 하늘을 우러러보지도 못하고 다만 가슴을 치며 가로되 하나님이여 불쌍히 여기시옵소서 나는 죄인이로소이다 하였느니라 내가 너희에게 이르노니 이 사람이 저보다 의롭다 하심을 받고 이에 내려 갔느니라 무릇 자기를 높이는 자는 낮아지고 자기를 낮추는 자는 높아 지리라 하시니라"
> (눅18:9-14)

우리는 여기에서 하나님께 드리는 '참 기도(祈禱)의 미덕(美德)'을 알 수가 있다. 우리가 하나님 앞에 드리는 참 기도는 다 기도의 순서(順序)가 있어야 하고 기도하는 사람의 믿음이 있어야한다. 기도는 먼저 하나님께 대한 감사(感謝)와, 하나님의 영광(榮光)을 찬미하는 예배(禮拜)가 되어야 한다.

그리고 나의 죄인(罪人) 됨과 죄악(罪惡)에서 건져주셨음을 감사하면서, 또 여기에 오기까지의 모든 죄(罪)를 숨김없이 내어놓고 참회(懺悔)를 하면서 용서(容恕)를 구해야 한다. 또한 나에게 필요한 것을 기구(祈求)해야 하고 형제를 위해서도 하나님께 간구해야 한다.

예수께서 기도하는 사람의 두 가지 종류(種類)로 분류하시기 위해서 하나는 바리새인의 기도요, 다른 하나는 세리(稅吏)의 기도를 예로 들으셨다. 현대인들의 기도는 바리새인의 기도처럼 사람에게 보이려는 과시적(誇示的)인 기도라고 할 수 있다. 그러나 이는 다 참 기도가 아니므로 하나님께서는 들어주시지 않는다.

하나님께 드리는 기도는 세리(稅吏)와 같이 죄인된 것을 고백하고 가슴을 치면서 참회(懺悔)하는 회개(悔改)의 기도여야 하고, 하나님의 위로를 구하는 슬픈 자의 부르짖음이 되어야 한다. 특히 현대인들의 기도 가운데 '중보기도'라는 것이 있는데, 이는 그 단어(單語)부터 사용되어서는 안 될 것이다. 우리가 하나님께서 들으시는 기도를 하기 위해서는 마태복음 6장 5절에서 13절까지의 말씀을 가슴속 깊이 새겨두고 하나님의 뜻을 이루어 드리기 위한 기도를 해야 할 것이다.

기도는 그 자체가 구걸(求乞)과도 같기 때문에 기도자의 태도는 겸손해야 하고 회개하는 자의 마음가짐과 슬픈 자의 태도가 유지되어야 한다.

# 31
## 열 므나(Minas)의 비유(譬喩)

"가라사대 어떤 위인이 왕위를 받아 가지고 오려고 먼 나라로 갈 때에 그 종
열을 불러 은 열 므나를 주며 이르되 내가 돌아오기까지 장사하라 하니라 그런
데 그 백성이 저를 미워하여 사자를 뒤로 보내어 가로되 우리는 이 사람이 우리
의 왕 됨을 원치 아니하노이다 하였더라 귀인이 왕위를 받아가지고 돌아와서 은
준 종들의 각각 어떻게 장사한 것을 알고자 하여 저희를 부르니 그 첫째가 나아
와 가로되 주여 주의 한 므나로 열 므나를 남겼나이다 주인이 이르되 잘하였다
착한 종이여 네가 지극히 작은 것에 충성하였으니 열 고을의 권세를 차지하라
하고 그 둘째가 와서 가로되 주여 주의 한 므나로 다섯 므나를 남겼나이다 주인
이 그에게 이르되 너도 다섯 고을을 차지하라 하고 또 한 사람이 와서 가로되 주
여 보소서 주의 한 므나가 여기 있나이다 이는 당신이 엄한 사람인 것을 내가 무
서워함이라 당신은 두지 않은 것을 취하고 심지 않은 것을 거두나이다 주인이
이르되 악한 종아 내가 네 말로 너를 판단하노니 너는 내가 두지 않은 것을 취
하고 심지 않은 것을 거두는 엄한 사람인줄 알았느냐 그러면 어찌하여 내 은을
은행에 두지 아니하였느냐 그리하였으면 내가 와서 그 변리까지 찾았으리라 하
고 곁에 섰는 사람에게 이르되 그 한 므나를 빼앗아 열 므나 있는 자에게 주라
하니 저희가 가로되 주여 저에게 이미 열 므나가 있나이다 주인이 가로되 내가
너희에게 말하노니 무릇 있는 자는 받겠고 없는 자는 그 있는 것을 빼앗기리라
그리고 나의 왕 됨을 원치 아니 하던 저를 이리로 끌어다가 내 앞에서 죽이라 하
였느니라"(눅19:12-27)

여기에 나오는 비유의 말씀은 마태복음 25장14절에서 30절까지에
나오는 달란트의 비유와도 비슷하다. 그러나 약간의 차이가 있는 것은
한 므나를 가지고 장사도 하지 아니하고, 그대로 가지고 와서 내어놓은

종은 주인의 '왕(王) 됨을 원치 않았다'는 점이라고 할 것이다 많은 현대인들 가운데 반(反) 그리스도인의 죄(罪)는 근본적으로 예수 그리스도의 메시아(Messiah) 왕국(王國)의 왕(王)되심을 반대(反對)하는 자라는 것을 알게 하심이다.

우리의 최선(最善)은 양적(量的)인 수치(數值)의 다소(多少)에 있지 않고 그의 마음가짐의 정성(精誠)에 있다는 것을 알게 한다. 사람에게 있어서 최선(最善)은 '하고자, 하고자 하는 마음'이라는 것을 알게 한다.

# 32
## 반석(盤石) 위에 지은 집의 비유

> "그러므로 누구든지 나의 이 말을 듣고 행하는 자는 그 집을 반석 위에 지은 지혜로운 사람 같으니 비가 내리고 창수가 나고 바람이 불어 그 집에 부딪치되 무너지지 아니하나니 이는 주초를 반석 위에 놓은 연고요 나의 이 말을 듣고 행치 아니하는 자는 그집을 모래 위에 지은 어리석은 사람 같으니 비가 내리고 창수가 나고 바람이 불어 그 집에 부딪히매 무너져 그 무너짐이 심하니라"
> (마7:24-27, 눅6:48-49)

그렇다. 우리의 신앙은 지혜로운 건축가(建築家)처럼 믿음의 집을 짓는 사람들이다. 믿음의 집을 짓는다는 것은 말씀을 듣고 그대로 실천(實踐)하는 사람들이다. 어느 사람 할 것 없이 다 자기의 집을 짓는 건축가(建

築家)들이다. 그 출발(出發)이 같고, 삶의 방법은 같다. 그러나 그 결과는 공적에 따라서 다르게 나타나되, 이는 누구의 탓이 아니라, 자기의 삶 그대로의 모습이다. 그래서 지금 우리나라에서 관행적으로 내려오는 상속(相續)제도(制度)는 잘 못된 것이다.

---

찬송 ·······································································

1    주의 말씀 듣고서 준행하는 자는
     반석 위에 터 닦고 집을 지음 같아
     비가 오며 물나며 바람 부딛쳐도
     반석 위에 세운 집 무너지지 않네

2    주의 말씀 듣고도 행치 않는 자는
     모래 위에 터 닦고 집을 지음 같아
     비가 오고 물나며 바람 부딪칠 때
     모래 위에 세운 집 크게 무너지네

3    세상 모든 사람들 집을 짓는 자니
     반석 위가 아니면 모래 위에 짓네
     우리 구주 오셔서 지은 상을 줄 때
     세운 공로 따라서 영영 상벌 주리

후렴   잘 짓고 잘 짓세 우리 집 잘 짓세
      만세반석 위에다 우리 집 잘 짓세

---

# 33

## 누룩 비유(譬喻)

"또 비유로 말씀 하시되 천국은 마치 여자가 가루 서말 속에 갖다 넣어 전부 부풀게 한 누룩과 같으니라"(마13:33, 눅13:20-21)

예수께서 한 이 비유의 말씀은 천국운동에 대한 것으로서, 누룩(Yeast, Even)은 가장 작은 것 같으나 누룩은 부풀게 하는 작용(作用)으로 크게 번식(繁殖)시켜 나간다. 마찬가지로 기독교 운동은 하면 할수록 크게 늘어날 정도가 아니라, 결국은 전체(全體)를 다 정복(征服)하게 될 것이다. 우리 기독교 운동은 처음부터 크게 시작한 것이 아니라 가장 작은 누룩 덩어리와도 같아서 작은 것을 가지고 크게 부풀게 하는 운동이다.

욥은 말하기를, "네 시작은 미약 하였으나 네 나중은 심히 창대 하리라"라고 하였고(욥8:7), 예루살렘 교회의 감독(監督) 야고보는 말하기를, "그러므로 형제들아 주의 강림하시기까지 길이 참으라 보라 농부가 땅에서 나는 귀한 열매를 바라고 길이 참아 이른 비와 늦은 비를 기다리나니 너희도 길이 참고 마음을 굳게 하라 주의 강림이 가까우니라"라고 하여(약5:7-8), 역사 종말기의 성도들에게 예수 그리스도의 재림을 믿고 기다리라고 했다.

여기에서 하나님의 진리(眞理)를 누룩에다 비유하신 것은 누룩으로서의 생명력(生命力)인 발효성(醱酵性)을 그대로 유지해 나가야 모든 음식물을 크게 발효(醱酵)시켜 나갈 수 있다는 것을 알게 하신 말씀이다. 그리스도인의 믿음이 본질(本質, Essence)에서 떠나지 않으면 반드시 목적(目的)

에 도달할 수 있다는 것을 알게 하신 말씀이다.

# 34
## 등경(燈檠) 위에 켜둔 등불의 비유(譬喩)

> "사람이 등불을 켜서 말 아래 두지 아니하고 등경 위에 두나니 이러므로 집안 모든 사람에게 비취느니라 이 같이 너희 빛을 사람 앞에 비취게 하여 저희로 너희 착한 행실을 보고 하늘에 계신 너희 아버지께 영광을 돌리게 하라"(마5:15-16, 막4:21-22, 눅8:16-17)

이는 참으로 두려운 비유의 말씀이다. 왜냐 하면 예수께서 우리들을 빛에다 비유하신 다음 다시 말씀하시기를 **"너희 빛을 사람에게 비취게 하여 저희로 너희 착한 행실을 보고 하늘에 계신 너희 아버지께 영광을 돌리게 하라"**라고 하신 말씀이다.

우리가 예수를 믿는다고 하는 것은 단순히 예배당에 다니는 것이 아니라, 평상시(平常時)에도 빛으로서의 본분과 사명을 다하여 세상 사람들의 본이 되어야 할 것을 뜻하신 말씀이다. 그런데도 현대 교인들은 그렇지 못하고 오히려 이방인(異邦人)들로 하여금 하나님께 욕(辱)을 돌리게 하고 하나님의 이름이 세상 사람들에게서 모독(冒瀆)을 받게 하고 있다(롬2:24 참고) 이는 분명히 성도들의 생활신앙(生活信仰)을 독려(督勵)하시는 말씀이라고 생각한다.

현대인들의 신앙은 다분히 예배당(禮拜堂)에 다니는 것과 예수를 믿는다는 것을 구분(區分)하지 않는 것 같아서 아쉬움을 더 한다. 예수 그리스도께서는 평생토록 '와 보라 하심이었고, 나를 따르라 하심이었고, 내게 배우라고 하신 생활신앙의 본보기셨다.

# 35
# 낡은 옷과 새 천의 비유(譬喩)

"생 베 조각을 낡은 옷에 붙이는 자가 없나니 이는 기운 것이 그 옷을 당기어 해어짐이 더하게 함이요"(마9:16, 막2:21, 눅5:36)

예수께서 여기에서 생 베 조각과 낡은 옷에 대한 것을 비유(譬喩)를 들어서 말씀하신 것은 무엇보다도 유대인들의 제도주의(制度主義)나 율법(律法)적인 의식(儀式)을 그대로 수용할 수 없는 복음(福音)의 등장을 강조하시는 말씀이다. 그리고 현대적인 의미에서 말하면, 예수 그리스도의 복음(福音)은 전 세계 어느 지역(地域)이나 종족(種族)에 상관없이 새 천이 되어서 '새 것으로 갈아입히는 운동'이 되어야 한다.

# 36

## 새 술은 새 부대(負袋)에 담으라는 비유(譬喩)

> "새 포도주를 낡은 가죽 부대에 넣지 아니하나니 그렇게 하면 부대가 터져 포
> 도주도 쏟아지고 부대도 버리게 됨이라 새 포도주는 새 부대에 넣어야 둘 다 보
> 전 하느니라"(마9:17, 막2:22, 눅5:37-38)

예수께서 새 포도주와 새 부대(負袋)를 들어서 비유(譬喩)로 말씀하신 것
은, 이스라엘이라는 하나님의 선민(選民)이 유대주의적인 구습(口習)을 벗
어버리고, 예수 그리스도의 복음(福音)을 받아들여야 한다는 말씀이다.
또한 세계의 모든 사람들이 누구나 전통적으로 내려오는 자기들만의
전통적(傳統的)인 구습(口習)이나 풍속(風俗)에서 벗어나서 새로운 하나님의
복음(福音)으로 돌아와야 할 것을 강조하시는 말씀이다. 이는 결코 어떤
유행(流行, Fashion)을 따르라는 말씀이 아니라, 예수 그리스도 십자가(十字
架)의 복음(福音)을 받아들여야 한다는 말씀이다. 그리고 개인적(個人的)으
로는 물론 집단적(集團的)으로나, 문화적(文化的)으로나, 국가적(國家的)으로
도 하나님의 복음을 받아드리는 자는 살 것이고 하나님의 복음을 거역
(拒逆)하면 다 날아져서 죽을 것이라는 경고(警告)의 말씀이기도 하다.

# 37

## 씨 뿌리는 비유(譬喻)

"예수께서 비유로 여러 가지를 저희에게 말씀하여 가라사대 씨를 뿌리는 자가 뿌리러 나가서 뿌릴 새 더러는 길 가에 떨어지매 새들이 와서 먹여 버렸고 더러는 흙이 얇은 돌밭에 떨어지매 흙이 깊지 아니하므로 곧 싹이 나오나 해가 돋은 후에 타져서 뿌리가 없으므로 말랐고 더러는 가시 떨기 위에 떨어지매 가시가 자라서 기운을 막았고 더러는 좋은 땅에 떨어지매 혹 백배 혹 육십 배 혹 삼십 배의 결실을 하였느니라 귀 있는 자는 들으라 하시니라"(마13:3-9, 막3:3-20, 눅 8:4-15)

예수께서 씨 뿌리는 비유를 들어서 말씀해 주신 것은 하나님의 복음을 씨로 하고, 뿌렸다는 것은 복음의 전도(傳道)에 대한 그 효과(效果)를 뜻하신 말씀이었다. 복음을 받아들이는 자의 마음이 어떤 이는 길과에 뿌린 씨와도 같고, 또 어떤 자는 흙이 얇은 가시덤불에 뿌린 씨와도 같고, 또 더러는 돌짝밭에 씨를 뿌리는 경우와도 같다. 그것은 하나님의 복음을 전해들은 사람들의 심성(心性)과 그 결과를 나타내는 비유의 말씀이라고 생각된다.

그러나 여기에서 생각해야 할 것은 씨를 뿌리기 전에 돌짝밭은 깊이 파고 갈아 뒤집어야 하고, 가시덤불은 가시를 쳐내고 땅을 갈아서 뒤집으면 되고 돌짝밭은 거기에 깔려있는 돌들을 주어내고 땅을 깊이 판 후에 씨를 뿌려야 한다. 하나님의 말씀을 전파하는 사람들에게는 어떠한 이유나 핑계도 있을 수 없다. 문제는 옥토(沃土)로 갈아서 뒤집는 수고만

하면 될 일이다.

하나님의 복음을 전파한다는 것은 결코 그렇게 쉬운 일이 아니다.

그러나 하나님의 종들은 산이나 들이나 사람들이 사는 곳이면 다 가야 하고, 인종(人種)이나 피부(皮膚)나, 언어(言語)에 메어야 할 필요는 없다. 밟는 곳이 곧 내가 살아야 할 땅이요, 내가 만나는 사람마다 듣든지 아니 듣던지에 상관없이 하나님의 복음을 전파해야 한다.

사람들끼리 모여서 누구는 안 되고, 어느 나라는 안 된다는 것은 인간들이 말하는 정치(政治)요 사람의 생각이다. 누구나 회개하고 하나님께로 돌아오면 하나님의 자녀(子女)요 천국(天國)의 시민(市民)이 될 수 있다.


# 38
## 겨자씨의 비유(譬喩)

> "또 비유를 베풀어 가라사대 천국은 마치 사람이 자기 밭에 갖다 심은 겨자씨 한 알 같으니 이는 모든 씨보다 작은 것이로되 자란 후에는 나물보다 커서 나무가 되매 공중의 새들이 와서 그 가지에 깃들이느니라"(마13:31-32, 막4:31-32, 눅 13:18-19)

예수께서 이 겨자씨의 비유를 말씀하신 것은 천국 운동의 본질에 대한 것을 이르심이다. 천국 운동이 처음에는 아주 보잘 것 없고 미약한 것 같으나, 후에는 만민(萬民)이 천국에 깃들이게 될 것이라는 것을 비유

(譬喩)로 하신 말씀이다. 그리고 작게는 사람들이 보기에는 가장 작은 존재로 밖에 보이지 않은 사람이 후에는 다른 사람들이 그에게 찾아들어서 도움을 요청하게 될 것이라는 말씀으로도 생각할 수 있다.

이스라엘 백성을 구해내어 광야(曠野)로 이끌고 나온 모세는 이스라엘 백성들에게 참으로 훌륭하게 보였고 어쩌면 신(神)과도 같은 존재였다. 그러나 그도 죽고 없어진 다음 이스라엘 백성들의 실의(失意)와 낙담(落膽)은 어디에도 비교할 수 없었다. 하나님께서는 바로 그러한 때에 여호수아라고 하는 인물을 모새를 대신하여 세우셨다. 지금까지 이스라엘 백성에게 비친 여호수아는 한낱 겨자씨 알과도 같이 보였을 것이다.

그러한 사람을 들어서 쓰신 하나님께서는 이 여호수아를 통해서 이스라엘 민족을 이끌고 요단강을 건너서 요단 강에 이르게 하였고, 조상들에게 약속하신 가나안 땅을 정복하여 이스라엘의 열두 지파를 고루고루 안차하여 살도록 해 주셨다. 그러므로 여호수아라고 하는 사람을 믿는 것이 아니라 그 여호수아를 민족의 지도자로 삼으신 하나님을 믿으면 다 된다.

믿고 하면 된다. 하자!

"오직 너는 마음을 강하게 하고 극히 담대히 하여 나의 종 모세가 네게 명한 율법을 다 지켜 행하고 좌로나 우로나 치우치지 말라 그리하면 어디로 가든지 형통 하리니 이 율법 책을 네 입에서 떠나지 말게 하며 주야로 그것을 묵상하여 그 가운데 기록한 대로 다 지켜 행하라 그리하면 네 길이 평탄하게 될 것이라 네가 형통하리라"(수1:7-8)

"네가 네 하나님 여호와의 말씀을 삼가 듣고 내가 오늘 날 네게 명하는 그 모든 명령을 지켜 행하면 네 하나님 여호와께서 너를 세계 모든 민족 위에 뛰어나게 하실 것이라"(신28:1)

# 39
## 포도원 농부(農夫)의 비유(譬喩)

"다시 한 비유를 들으라 한 집 주인이 포도원을 만들고 산울로 두르고 거기 즙 짜는 구유를 파고 망대를 짓고 농부들에게 세로 주고 타국에 갔더니 실과 때가 가까우매 그 실과를 받으려고 자기 종들을 농부들에게 보내니 농부들이 종들을 잡아 하나는 돌로 쳤거늘 다시 다른 종들을 처음보다 많이 보내니 저희에게도 그렇게 하였는지라 후에 자기 아들을 보내며 가로되 저희가 대 아들은 공경하리라 하였더니 농부들이 그 아들을 보고 서로 말하되 이는 상속자니 자 죽이고 그의 유업을 차지하자 하고 이에 잡아 포도원 밖에 내어 쫓아 죽였느니라 그러면 포도원 주인이 올 때에 농부들을 어떻게 하겠느뇨? 저희가 말하되 이 악한 자들을 진멸하고 포도원은 제 때에 실과를 바칠만 한 다른 농부들에게 세로 줄 지니이다"(마21:33-41 막12:1-9 눅20:9-16)

예수께서 하신 비유(譬喩)들 가운데서도 자신에 대한 것을 이렇게 구체적으로 말씀하신 것은 처음이라고 해야 할 것이다. 예수께서는 살아 계신 하나님의 아들이요 제 2위 하나님으로서 이 세상에 오셔서 사람들에게 잡혀서 십자가에 못 박혀서 죽게 되실 것을 알고 오셨다. 하나님께서는 예수 그리스도가 오시기 전에 많은 선지자(先知者)들을 이 세상에 보내셨다. 그러나 사람들은 너무도 악(惡)해서 하나님의 사람들을 모질게 학대(虐待)하고 구박(驅迫)하고 학살(虐殺)까지 했다.

하나님께서는 마지막으로 그의 아들인 예수 그리스도를 보내셨다.
세상 사람들은 제2위 하나님이시요, 하나님의 아들 예수 그리스도를
예루살렘(Jerusalem) 성문(城門) 밖으로 끌고 나가서 십자가(十字架)에 못 박
아서 죽였다. 사람들은 하나님의 심판(審判)이 반드시 있을 것을 믿는다.
자기들이 행한 죄악(罪惡)이 너무도 크기 때문에, 하나님의 진노(震怒)가
심판(審判)으로 나타날 것을 믿는다.

지금 현대를 살아가는 사람들에게 지구(地球)의 온난화(溫暖化)로부터
시작하여 미세(微細) 먼지를 비롯한 공해(公害)와, 삼한사온(三寒四溫)의 변
화(變化)와, 사시계절(四時季節)을 차단하고, 온갖 역병(疫病)으로 치셨으나
사람들은 전혀 듣지 않았다.

이제 끝으로 남은 것은 하나님의 심판(審判)이 있을 뿐이다.

# 40
## 무화과(無花果) 나무 잎사귀 비유(譬喩)

"무화과나무의 비유를 배우라 그 가지가 연하여 지고 잎사귀를 내면 여름이
가까운 줄을 아나니 이와 같이 너희도 이 모든 일을 보거든 인자가 가까이 곧 문
앞에 이른 줄 알라 내가 진실로 너희에게 말하노니 이 세대가 지나가기 전에 이

일이 다 이루리라 천지는 없어지겠으나 내 말은 없어지지 아니하리라"(마24:32-35, 막13:28-31, 눅21:29-31)

　사람이면 시대를 바로 분별하여 볼 줄을 알아야 한다. 예수께서는 이 비유(譬喩)의 말씀을 통해서 하나님의 사람들은 역사의 시기(時機)와 징조(徵兆)를 식별(識別)해서 알아야 할 것을 당부하고 계신다. 우리가 역사(歷史)에 대하여 연구를 하고 공부를 하는 것은 시대의 특성에 대한 바른 이해를 위함이라고 생각한다.

　하나님께서는 천지창조 이후에 여러 가지로 시대적인 징조(徵兆)를 보여주시므로 시대적인 특징에 따라서 앞으로 되어질 일들을 미루어서 짐작하도록 가르쳐 주셨으나 사람들의 사악(邪惡)은 이를 일부러 거부(拒否)하고 받아들이지 않았다. 그러므로 예수께서는 아주 강한 어조(語調)로 말씀하시기를 "천지는 없어지겠으나 내 말은 없어지지 아니하리라"(Heaven and earth will pass away, but My words will by no means pass away)라고 하셨다.

　아무리 돈이 좋다고 하더라도 현대인들의 정서(情緖)는 너무 지나칠 정도로 돈에 혼(魂)을 빼앗기고 있다.

　　"한 사람이 두 주인을 섬기지 못할 것이니 혹 이를 미워하며 저를 사랑하거나 혹 이를 중히 여기며 혹 저를 경히 여김이라 너희가 하나님과 재물을 겸하여 섬기지 못 하리라"(No one can serve two masters; for either he will hate the one and love the other or else he will be loyal to the one and despise the other You cannot serve God and Mammon 마6:24)

"그러나 오늘과 내일과 모래는 내가 갈길을 가야 하리니 선지자가 예루살렘 밖에서는 죽는 법이 없느니라 예루살렘아 예루살렘아 선지자들을 죽이고 네게 파송된 자들을 돌로 치는 자여 암탉이 제 새끼를 날개 아래 모음 같이내가 너희의 자녀를 모으려 한 일이 몇 번이냐 그러나 너희가 원치 아니하였도다 보라 너희 집이 황폐하여 버린바 되리라 내가 너희에게 이르노니 너희가 주의 이름으로 오시는 이를 찬송하리로다 할 때까지는 나를 보지 못하리라 하시니라"(눅 13:33-35)

"내가 비옵는 것은 이 사람들만 위함이 아니요 저희 말을 인하여 나를 믿는 사람들도 위함이니 아버지께서 내 안에 내가 아버지 안에 있는 것 같이 저희도 다 하나가 되어 우리 안에 있게 하사 세상으로 아버지께서 나를 보내신 것을 믿게 하옵소서"(요17:20-21)

---

찬송

1. 웬 일인가 내 형제여 주 아니 믿다가
   죄 값으로 지옥 형벌 필경 받겠구나

2. 웬 일인가 내형제여 마귀만 좇다가
   저 마귀 지옥 갈때에 너도 가겠구나

3. 웬 일인가 내 형제여 재물만 취하다
   세상 물질 불탈 때에 너도 타겠구나

4. 웬 일인가 내 형제여 죄악에 메어서
   한 없이 고생 하는 것 참 못 보겠구나

5. 사랑하는 내 동포여 주께로 나오라
   십자가에 못 박힌 주 너를 사랑하네

---

Parables of Jesus Christ

# 41

## 지혜(智慧)있는 종의 비유(譬喩)

> "그러므로 깨어 있으라 어느 날에 너희 주가 임할는지 너희가 알지 못함이니
> 라 너희도 아는 바니 만일 집 주인이 도적이 어느 경점에 올 줄을 알았더면 깨
> 어 있어 그 집을 뚫지 못하게 하였으리라 이러므로 너희도 예비하고 있으라 생
> 각지 않은 때에 인자가 오리라 충성되고 지혜 있는 종이 되어 주인에게 그 집 사
> 람들을 맡아 때를 따라 양식을 나눠줄 자가 누구뇨 주인이 올 때에 그 종이 이
> 렇게 하는 것을 보면 그 종이 복이 있으리로다"(마24:42-51, 눅12:41-46)

여기에 있는 비유의 말씀은 마가복음 13장 34-36절에 나오는 비유
의 말씀과도 비슷하다. 그러면서도 약간 다른 것은 마가복음에 비하여
여기에서는 좀 더 구체적으로 말씀하셔서 지혜롭고 충성된 종이 되어
서 자기와 함께 한 종들을 잘 관리하고 주인을 기다리라는 말씀으로 되
어 있다. 그래서 이는 하나님의 일을 하는 종들을 향해서 최후적(最後的)
으로 당부하신 말씀이라고 생각한다.

어떠한 경우에도 하나님의 일을 하려는 사람에게는 하나님의 진리(眞
理)에 따르는 지혜(智慧)가 있어야 하고, 또한 주님의 십자가(十字架)를 지
고 자기의 생명(生命)까지도 주님을 위해서 내어 바치는 희생심(犧牲心)의
충성(忠誠)을 다해야 한다는 것일 뿐이다.

# 42
# 선(善)한 목자(牧者)의 비유(譬喩)

> "나는 선한 목자라 선한 목자는 양들을 위하여 목숨을 버리거니와 삯군은 목
> 자도 아니요 양도 제 양이 아니라 이리가 오는 것을 보면 양을 버리고 달아나
> 니 이리가 양을 늑탈하고 또 헤치느니라 달아나는 것은 저가 삯군인 까닭에 양
> 을 돌아보지 아니함이나 나는 선한 목자라 내가 내 양을 알고 양도 나를 아는 것
> 이 아버지께서 나를 아시고 내가 아버지를 아는 것 같으니 나는 양을 위하여 목
> 숨을 버리노라 또 이 우리에 들지 아니한 다른 양들이 내게 있어 내가 인도 하
> 여야 할 터이니 저희도 내 음성을 듣고 한 무리가 되어 한 목자에게 있으리라 아
> 버지께서 나를 사랑하시는 것은 내가 다시 목숨을 버림이라 이를 내게서 빼앗
> 는 자가 있는 것이 아니라 내가 스스로 버리노라 나는 버릴 권세도 있고 다시 얻
> 을 권세도 있으니 이 계명은 내 아버지께서 받았노라 하시니라"(요10:11-18)

예수께서 하신 비유의 말씀 가운데 이 말씀만큼 자신의 뜻을 강하게
표현한 비유의 말씀은 없을 것이다. 예수께서는 자기 자신을 '선한 목
자'라고 비유하신 다음 선한 목자이기 때문에 그의 양들을 위해서 하나
밖에 없는 자기의 목숨을 버리시겠다고 하셨다. 그리고 자기의 목숨을
내어놓는 것은 결코 자기가 약해서 빼앗기는 것이 아니라 자기 스스로
양들을 위해서 버린다고 하셨다.

부디 이 말씀을 비교해 본다면 하나님의 교회를 맡아서 목양(牧羊)을
하고 있는 목사(牧師)들에 대한 충언(忠言)의 말씀이라고 생각한다.

목사(牧師)라고 하는 성직(聖職)은 생계(生計)의 수단을 위한 직업상(職業上)
의 자리가 아니라 하나님의 양(羊)떼들인 성도(聖徒)들을 관리하기 위해

서 자기의 생명까지를 내어놓고 맡아야 하는 자리라는 것을 알게 하신 말씀이다. 여기에서 선(善)한 목자(牧者)는 자기의 양(羊)들을 위해서 자기의 목숨을 내어놓는 자여야 할 것을 강조하고 있다.


# 43
## 포도(葡萄)나무의 비유(譬喩)

>  "내가 참 포도나무요 내 아버지는 그 농부라 무릇 내게 있어 과실을 맺지 아니하는 가지는 아버지께서 이를 제해 버리시고 무릇 과실을 맺는 가지는 더 과실을 맺게 하려하여 이를 깨끗게 하시느니라 너희는 내가 일러준 말로 이미 깨끗하였으니 내 안에 거하라 나도 너희 안에 거하리라 가지가 포도나무에 붙어 있지 아니하면 절로 과실을 맺을 수 없음 같이 너희도 내 안에 있지 아니하면 그러하리라 나는 포도나무요 너희는 가지니 저가 내 안에 내가 저 안에 있으면 이 사람은 과실을 많이 맺나니 나를 떠나서는 너희가 아무 것도 할 수 없음이라 사람이 내 안에 거하지 아니하면 가지처럼 밖에 버리워 말라지나니 사람들이 이것을 모아다가 불에 던져 사르느니라"(요15:1-6)

우리는 요한 복음서를 통해서는 예수께서 하신 두 가지의 비유만을 알 수 있다. 그 하나는 선한 목자의 비유이고 또 다른 하나는 여기에 나오는 포도나무의 비유가 있을 뿐이다.

신약 성경에 나타난 예수 그리스도의 비유(譬喩)는 모두 43가지가 있다. 그런데 여기에 나오는 예수 그리스도의 최후비유는 곧 포도나무의 비유로서 우선 하나님의 사람은 예수 그리스도를 포도나무로 하고 그 가지에 붙어 있어야 할 것을 말씀하고 있다 그리고 그 포도나무에 붙어 있는 가지만이 열매를 맺을 수 있는 것처럼 포도나무에 붙어 있어야 열매를 맺을 수 있는 것 같이 하나님의 종들은 먼저 포도나무에 단단히 붙어있으므로 더 많은 열매를 맺을 수 있다고 하여 현대 목회자(牧會者)들에게 매우 의미심장(意味深長)한 교훈(敎訓)의 말씀을 주고 있다.

자기 자신은 예수 그리스도 안에 붙어있지 않으면서 예수 그리스도를 팔아서 자기의 생계수단(生計手段)으로 하는 자들을 철저히 경계하고 있다. 그리고 모든 성도들은 다 참 포도나무이신 예수 그리스도에게 붙어있으므로 더 많은 열매를 맺을 수 있다.

우리가 예수 그리스도에게 붙어 있다는 것은 예수 그리스도께서 내 안에 거하시는 것처럼 나도 예수 그리스도 안에 거해야 한다는 말씀이다. 우리가 예수 그리스도 안에 거한다는 것은 곧 포도나무이신 예수 그리스도에게 붙어있다는 것이요, 예수 그리스도에게 붙어 있으면 또한 많은 열매를 맺을 수 있다는 말이다.

하나님의 성도들에게 생활신앙을 강조하는 뜻도 바로 여기에 있다. 예수 그리스도의 말씀을 그대로 믿고 순종하고 충성을 다하면 자연히 열매가 주렁주렁 열릴 것이로되, 그렇지 않으면 열매는 고사하고 오히려 하나님께 욕을 돌리는 또 하나의 죄(罪)만 더하게 될 것이다.

지금이야 말로 자기의 믿음을 성경대로 검증(檢證)을 해 보아야 할 때가 되었다. 분명히 부활(復活)의 권능(權能)으로 하늘로 승천(昇天)하시고, 하나님의 보좌(寶座)에 앉아 계시다가 선악간(善惡間)에 심판하시기 위해서 재림주(再臨主)로 오실 예수 그리스도의 재림(再臨)과 역사(歷史)의 종말기적(終末期的)인 징조(徵兆)는 수없이 나타나고 있다. 전쟁(戰爭)과 기근(饑饉), 온역(溫疫) 같은 것들 외에 사람들의 가치관(價值觀)이 무너져서 세속화(世俗化) 된지 이미 오래이다.

　성경은 말씀하고 있다.

　　"네가 이것을 알라 말세에 고통하는 때가 이르리니 사람들은 자기를 사랑하며 돈을 사랑하며 자긍하며 교만하며 훼방하며 부모를 거역하며 감사치 아니하며 거룩하지 아니하며 무정하며 원통함을 풀지 아니하며 참소하며 절제하지 못하며 사나우며 선한 것을 좋아 아니하며 배반하여 팔며 조급하며 자고하며 쾌락을 사랑하기를 하나님 사랑하는 것보다 더 하며 경건의 모양은 있으나 경건의 능력은 부인하는 자니 이 같은 자들에게서 네가 돌아서라" (딤후3:1-5)

　　"보라 내가 속히 오리니 내가 줄 상이 내게 있어 각 사람에게 그의 일한대로 갚아 주리라 나는 알파와 오메가요 처음과 나중이요 시작과 끝이라 그 두루마기를 빠는 자들은 복이 있으니 이는 저희가 생명나무에 나아가며 문들을 통하여 성에 들어갈 권세를 얻으려 함이로다"(계22:12~14)

1. 　구주 예수 의지함이 심히 기쁜 일일세
　　여생허락 받았으니 의심 아주 없도다

2. 　구주 예수 의지함이 심히 기쁜 일일세
　　주를 믿는 나의 마음 그의 피에 적시네

3. 　구주 예수 의지하여 죄악 벗어 버리네
　　안위 받고 영생함을 주께 모두 얻었네

4. 　구주 예수 의지하여 구원함을 얻었네
　　영원무궁 지나도록 주여 함께 하소서

후렴　예수 예수 믿는 것은 받은 증거 많도다
　　예수 예수 귀한 예수 믿음 더욱 주소서

제9장

# 예수 그리스도의 부활 후에 나타나심

기독교(基督敎 The Christianity)는 다른 종교와 비교할 수 없는 절대성(絶對性)을 갖는다는 것은 부활(復活)의 교리(敎理)가 있기 때문이다. 부활(復活)은 사람이 죽었다가 다시 살아나서 또 다시 죽지 않는다는 뜻을 가고 있는 절대적(絶對的)인 교리(敎理)이다.

예수 그리스도께서는 제2위 하나님의 본체(本體, The True Form, Substance)로서, 죄악(罪惡)에 빠져서 죽게 된 나를 구원하시기 위해서 친히 사람의 몸을 입으시고 이 세상에 오셨고, 나의 죄(罪) 때문에 십자가(十字架)에 못박혀서 죽어 가신 구주이시다.

그가 다시 살아나서 부활(復活, Resurrection)의 첫 열매가 되셨고(고전 15:20), 다시 살아나신 다음에는 다시 죽지 않으셨다. 범죄(犯罪)한 인간들을 향하신 하나님께서는, "필경은 흙으로 돌아가리니 그 속에서 네가 취함을 얻었음이라. 너희는 흙이니 흙으로 돌아갈 것이니라"라고 말씀하셨다(창3:129) 이와 같이 모든 사람은 다 죽게 되었고, 죽은 다음에는 흙으로 돌아가게 되었다.

그런데 오직 한 사람 곧 예수 그리스도만이 우리 사람들처럼 죽어서 땅에 매장(埋葬)을 당하기까지 하셨으나, 흙으로 돌아가지 않고 다시 살아나심으로 부활의 첫 열매가 되셨다. 이렇게 죽음에서 살아나신 예수 그리스도께서는 40일 동안을 이 세상에 계시면서 그의 살아나심에 대하여 여러 차례 많은 사람들에게 나타나서 보이심으로 그의 부활을 확신(確信)하게 해 주셨다.

우리 기독교를 가리켜서 '생명의 종교'라고 하는 것도 이 예수그리스도의 부활에서 비롯된 것이다. 이제 우리는 성경에서 보여주신 대로 예수 그리스도의 부활과 부활 후에 나타나심에 대하여 살펴보기로 한다.

# 1
## 막달라 마리아에게 나타나심

> "예수께서 마리아야 하시거늘 마리아가 돌이켜 히브리 말로 랍오니여 하니 (이는 선생님이라)"(마28:9, 요20:18)

예수 그리스도께서 십자가(十字架)에 못 박혀서 죽어 무덤에 묻히신지 삼일째 되는 날 아침, 새벽 미명(未明)에 예수 그리스도의 시신(屍身)에 향유(香油)를 뿌리기 위해서 일곱 귀신(鬼神) 들렸다가 예수님께 고침을 받았던 막달라 마리아와, 야고보의 어머니 마리아와, 살로메가 예수님의 무덤을 찾아갔다. 그들은 살아나신 예수님을 동산지기인 것으로 착각(錯覺)을 할 정도로 놀랐었다. 그러나 예수께서는 이들에게 빨리 가서 제자들에게 자신의 살아나심을 증언(證言)하라고 부탁의 말씀을 하셨다.

# 2

## 여인(女人)들에게 나타나심

"예수께서 저희를 만나 가라사대 평안하뇨 하시거늘 여자들이 나아가 그 발을 붙잡고 경배하니"(마28:9, 눅24:10)

예수 그리스도의 부활(復活)을 처음으로 목격(目擊)한 사람들은 예수님께서 세우신 사도(使徒)들이 아닌 여인(女人)들이었다.

예수께서는 진심으로 그의 무덤을 찾은 여인들에게 나타나서 부활의 소식을 그의 제자들에게 먼저 알리라고 부탁하셨다. 그 때에 여인(女人)들은 놀라서 어안이 벙벙하여 예수 그리스도의 발을 붙들고 감격에 벅차 있었다.

# 3

## 베드로에게 나타나심

"말하기를 주께서 과연 살아나시고 시몬에게 나타나셨다 하는지라"(눅24:34, 고전15:5)

시몬 베드로는 우리가 아는 대로 예수 그리스도의 수제자(首弟子)로 알고 있다. 그러므로 다시 살아나신 예수 그리스도께서는 그의 수제자(首弟子)인 베드로에게 그의 살아나심을 전하면 모든 다른 제자들에게도 전해 질 것으로 믿고 계셨다. 그런데 성경에는 그저 나타나셨다고만 증언을 하고 있을 뿐, 예수께서 또 다른 어떤 말씀을 하셨다고는 기록하지 않고 있다.

# 4

## 두 사람에게 나타나셨다

> "그 후에 저희 중 두 사람이 걸어서 시골로 갈 때에 예수께서 다른 모양으로 저희에게 나타나시니 두 사람이 가서 남은 제자들에게 고하였으되 역시 믿지 아니하니라"(막16:12-13, 눅24:35)

예수 그리스도의 부활은 참으로 하나님의 비밀(秘密)에 속한 신비(神秘)요 하나님의 기적(奇蹟)이었다. 지금까지 사람들은 경험(經驗)해 보지 못한 초유(初有)의 사건이었으나, 또한 확실(確實)한 사실(事實)이었다.

역시 예수 그리스도의 부활(復活)은 사람들의 이성적(理性的)인 판단(判斷)이나 상식(常識)으로는 해결할 수 없는 하나님의 진리(眞理)에 속한 일이다. 그러므로 이성적인 판단(判斷)으로 성경을 논하고 기독교의 진리를 평가(評價)하려는 것은 처음부터 단순한 잘못이 아니라, 하나님 앞에 불신의 죄(罪)가 된다는 것을 알아야 한다.

Appearance of Jejus Christ after His Resurrection

# 5
## 도마가 없을 때에 사도(使徒)들에게 나타나심

> "이 말을 할 때에 예수께서 친히 그 가운데 서서 가라사대 너희게 평안이 있
> 을지어다 하시니 저희가 놀라고 무서워하여 그 보는 것을 영으로 생각하는지라
> 예수께서 가라사대 어찌하여 두려워하며 어찌하여 마음에 의심이 일어나느냐?
> 내 손과 발을 보고 나인 줄 알라 또 나를 만져보라 영은 살과 뼈가 없으되 너희
> 보는바와 같이 나는 있느니라 이 말씀을 하시고 손과 발을 보이시니 저희가 너
> 무 기쁘므로 오히려 믿지 못하고 기이히 여길 때에 이르시되 여기 무슨 먹을 것
> 이 있느냐 하시니 이에 구은 생선 한 토막을 드리매 받으사 그 앞에서 잡수시더
> 라"(눅24:36-43, 요20:19-23)

다시 살아나신 예수 그리스도의 부활사건(復活事件)은 지금까지 사람들
이 경험해 보지 못한 일이었으므로 그의 제자들도 의심하지 않을 수 없
었다. 그러나 예수 그리스도께서는 그의 살아나심에 대한 사건을 분명
히 깨우쳐 주시지 않으면 안 된다는 것을 알으시고, 의심하는 그의 제
자들에게 부활에 대한 실상(實狀)을 깨닫게 해 주시기 위해서 온갖 수단
을 다 쓰셨다.

말씀으로부터 시작하여 손과 발에 입은 상처(傷處)의 자리를 만져보도
록 하셨고, 그것도 모자라서 지난날의 교훈을 회상(回想)하도록 해 보셨
고, 마지막으로는 친히 음식을 함께 잡수시므로 그의 제자들을 깨우치
기 위해서 힘쓰고 노력을 다 하셨다.

# 6

## 도마가 있을 때에 제자(弟子)들에게 나타나심

> "여드레를 지나서 제자들이 다시 집안에 있을 때에 도마도 함께 있고 문들이
> 닫혔는데 예수께서 오사 가운데 서서 가라사대 너희에게 평강이 있을 지어다 하
> 시고 도마에게 이르시되 네 손가락을 이리 내밀어 내 손을 보고 네 손을 내밀어
> 내 옆구리에 넣어보라 그리고 믿음 없는 자가 되지 말고 믿는 자가 되라 도마
> 가 대답하여 가로되 나의 주시며 나의 하나님이시니이다 예수께서 가라사대 너
> 는 나를 본고로 믿느냐 보지 못하고 믿는 자들은 복 되도다 하시니라"(요20:26-
> 29)

우리가 디두모라고 하는 도마를 가리켜서 성정(性情)이 급하고 의심(疑心)이 많은 사람이라고 하지만 사실은 도마는 참으로 정직하고 직설적(直說的)이고 순박(淳朴)한 사람이었다는 것을 알 수 있다.

아닌 것은 솔직하게 아니라고 하고 의심이 나는 것은 믿을 수 없으니 확실히 믿게 해 달라고 해서 그는 자기의 마음속에 의심(疑心)스러운 것들을 일거에 다 해결했다. 그리고 그는 예수 그리스도에게서 또 다른 교훈의 말씀을 듣게 되었다. 즉 보고 믿는 것과 보지 않고 믿는 것의 차이가 복(福)으로 결정지어지게 된 다는 것을 알게 되었다.

# 7

# 일곱 사도(使徒)들에게 나타나심

"이 후에 예수께서 디베랴 바다에서 또 제자들에게 자기를 나타내셨으니 나타내신 일이 이러 하니라 시몬 베드로와 디두모라 하는 도마와 갈릴리 가나 사람 나다나엘과 세베데의 아들들과 또 다른 제자 둘이 함께 있더니 시몬 베드로가 나는 물고기 잡으러 가노라 하매 저희가 우리도 함께 가겠다 하고 나서서 배에 올랐으나 이 밤에 아무 것도 잡지 못 하였더니 날이 새어갈 때에 예수께서 바닷가에 서있었으나 제자들이 예수신줄 알지 못하는지라 예수께서 이르시되 얘들아 너희에게 고기가 있느냐 대답하되 없나이다 가라사대 그물을 배 오른 편에 던져라 그리하면 얻으리라 하신대 이에 던졌더니 고기가 많아 그물이 들 수 없더라 예수의 사랑하시는 그 제자가 베드로에게 이르되 '주 시라'하니 시몬 베드로가 벗고 있다가 주라 하는 말을 듣고 겉옷을 두른 후에 바다로 뛰어 내리더라 다른 제자들은 육지에서 상거가 불과 한 오십 간쯤 되므로 작은 배를 타고 고기 든 그물을 끌고 와서 육지에 올라 보니 숯불이 있는데 그 위에 생선이 놓였고 떡도 있더라 예수께서 가라사대 지금 잡은 생선을 좀 가져오라 하신대 시몬 베드로가 올라가서 그물을 육지에 끌어 올리니 가득히 찬 큰 고기가 일백 쉰 세 마리라 이 같이 많으나 그물이 찢어지지 아니 하였더라 예수께서 가라사대 와서 조반을 먹으라 하시니 제자들이 주신 줄 아는 고로 '당신이 누구냐' 감히 묻는 자가 없더라 예수께서 가셔서 떡을 가져다가 저희에게 주시고 생선도 그와 같이 하시니라 이것은 예수께서 죽은 자 가운데서 살아나신 후에 세 번째로 제자들에게 나타나신 것이라 저희가 조반 먹은 후에 예수께서 시몬 베드로에게 이르시되 요한의 아들 시몬아 네가 이 사람들보다 나를 더 사랑하느냐 하시니 가로되 주여 그러하외다 내가 주를 사랑하는줄 주께서 아시나이다 가라사대 내 어린 양을 먹이라 하시고 또 두 번째 가라사대 요한의 아들 시몬아 네가 나를 사랑하느냐 하시니 가로되 주여 그러 하외다 내가 주를 사랑하는 줄 주께서 아시나이다 가라사대 내 양을 치라 하시고 세 번째 가라사대 요한의 아들 시몬아 네가 나를 사랑하느냐 하시므로 베드로가 근심하여 가로되 주여 모든 것을 아시

오매 내가 주를 사랑하는 줄을 주께서 아시나이다 예수께서 가라사대 내 양을
먹이라 내가 진실로 진실로 네게 이르노니 젊어서는 네가 스스로 띠 띠고 원하
는 곳으로 다녔거니와 늙어서는 네 팔을 벌리리니 남이 네게 띠 띠우고 원치 아
니하는 곳으로 데려 가리라 이 말씀을 하심은 베드로가 어떠한 죽음으로 하나
님께 영광을 돌릴 것을 가리키심이러라 이 말씀을 하시고 베드로에게 이르시되
나를 따르라 하시니 베드로가 돌이켜 예수의 사랑하시는 제자가 따르는 것을 보
니 그는 만찬석에서 예수의 품에 의지하여 주여 주를 파는 자가 누구오니이까
묻던 자러라 이에 베드로가 그를 보고 예수께 여짜오되 주여 이 사람은 어떻게
되겠삽나이까 예수께서 가라사대 내가 올 때까지 그를 머물게 하고자 할찌라도
네게 무슨 상관이냐 너는 나를 따르라하시더라 이 말씀이 형제들에게 나가서 그
제자는 죽지 아니하겠다하였으나 예수의 말씀은 그가 죽지 않겠다 하신 것이 아
니라 내가 올 때까지 머물게 하고자 할지라도 네게 무슨 상관이냐 하신 것이러
라"(요21:1-23)

이 말씀은 예수 그리스도께서 부활하신 다음에 가장 현저(顯著)하게
제자들에게 나타나셔서 자기의 부활(復活)을 공인(公認)해 주셨을 뿐만 아
니라, 실의(失意)에 빠져있는 시몬 베드로를 다시 일으켜 세워서 사명(使
命)에 임하게 하신 말씀으로 이해할 수 있다.

그러나 여기에서 하신 말씀의 뜻들이 너무도 중요해서 간단히 쉽게
풀어서는 안 될 것이라는 것을 알 수 있다. 첫째는 예수님의 부활이 있
은 후에도 그의 사랑하시는 제자들은 아직도 예수 그리스도의 부활 사
실에 대한 확신이 서있지 못했다는 것을 알 수 있다.

그래서 예수께서는 첫째로 그의 부활 사실을 사랑하는 제자들에게
재 확인을 시켜 주셔야 할 필요를 느끼셨다. 때문에 제자들이 모여서
밤을 세워가면서 고기잡이를 하고 있는 디베랴 바닷가로 새벽 미명에

친히 찾아가셨다.

여기까지만 하더라도 제자들이 모여서 고기잡이를 하고 있다는 것을 알고 계셨다는 것을 알 수 있다. 그리고 어디에서 구하셨는지 떡도 준비해 두셨고 생선까지 준비해서 숯불에 굽고 계셨다. 또 그의 사랑하시는 제자들이 밤새 고기를 잡지 못하고 있다는 것도 알고 계셨고, 바로 배 오른 편에 그물을 내리면 고기가 많이 잡힐 것이라는 것도 다 알고 계셨다. 심지어는 고기가 많이 잡혔으나 그물이 찢어지지 않게 하신 것도 예수님의 기적으로 이루어졌다. 그리고 함께 잡수신 다음에 사랑하는 수제자 베드로에게 "네가 나를 사랑하느냐?"라고 세 번이나 되풀이해서 물으시고는 '내 양을 먹이라, 내 양을 지키라, 내 양을 돌보라'는 등 앞으로 베드로가 해야 할 일과 사명을 맡기셨다.

그런데 예수께서 세 번이나 반복적으로 같은 질문을 하신 것은, 네가 나를 참으로 사랑했다면 왜 비자 앞에서 나를 모르겠다고 세 번씩이나 부인을 했느냐? 그처럼 네가 나를 사랑했더라면 왜 사명자의 길을 가지 않고 동료들까지 선동하여 데리고 와서 고기잡이를 하느냐 그리고 앞으로는 내게서 받은 부활(復活)의 증인(證人)으로만 활동을 해야 할 것이다 라는 뜻에서 베드로를 다시 임명하신 뜻이 담겨져 있다. 그리고 심지어는 장차 베드로가 어떻게 죽을 것이라는 것까지 알고 염려하시는 마음으로 베드로를 격려(激勵)해 주셨다.

그러므로 우리는 여기에 기록된 이 말씀을 통하여 예수 그리스도의 부활에 대한 역사적인 사실(史實)과 함께 예수 그리스도의 부활증인(復活證人)으로서의 사명을 수행해야 할 것을 알게 해 주셨다.

# 8
## 열한 사도에게 나타나심

> "열 한 제자가 갈릴리에 가서 예수의 명하시던 산에 이르러 예수를 뵈옵고 경배하나 오히려 의심하는 자도 있더라 예수께서 나아와 일러 가라사대 하늘과 땅의 모든 권세를 내게 주셨으니 그러므로 너희는 가서 모든 족속으로 제자를 삼아 아버지와 아들과 성령의 이름으로 세례를 주고 내가 너희에게 분부한 모든 것을 가르쳐 지키게 하라 볼지어다 내가 세상 끝 날까지 너희와 항상 함께 있으리라 하시니라"(마28:16-20, 막16:14-18)

이는 예수께서 부활하신 다음 갈릴리의 산에서 열한 사도(使徒)들에게 나타나셔서 세계적인 복음의 전파로 기독교의 세계화(世界化)를 당부하신 말씀을 하셨다.

예수께서 여기에서 하나님의 복음을 전파하여 믿는 자들을 제자로 삼아 성부(聖父)와 성자(聖子)와 성령(聖靈)이라는 삼위일체(三位一體) 하나님의 이름으로 세례(洗禮)를 베풀라고 공개적으로 말씀하셨고 "세상 끝 날까지 내가 너희와 항상 함께 있을 것이니라"라고 말씀하셨다. 이는 참으로 오묘한 진리(眞理)의 말씀이요, 또한 하나님께서 주시는 언약(言約)의 말씀이다.

# 9

## 5백여 형제들에게 나타나심

"그 후에 오백 여 형제에게 일시에 보이셨나니 그 중에 지금까지 태반이나 살아있고 어떤 이는 잠들었으며"(고전15:6)

예수 그리스도의 부활 사실은 참으로 하나님의 신비(神秘)요, 하나님의 기적(奇蹟)으로서 지금까지 사람들은 들어본 일도 없었고, 알지도 못한 일이었다. 죽음에서 다시 살아나신 예수 그리스도께서는 가능한 더 많은 사람들에게 자신의 실체(實體)를 보여주심으로 믿음을 가지게 하시려고 노력을 하셨다. 그 때에 사람들은 예수 그리스도의 부활하신 사건에 대하여 설왕설래(說往說來)로 떠 다니는 설(說)은 많았으나 친히 목격(目擊)하기란 참으로 어려운 일이었다. 또한 예수께서는 가능한 더 많은 사람들에게 자기의 부활을 보여주시기 위해서 자주 나타나셨다.

# 10

## 예수님의 동생 야고보에게 나타나심

"그 후에 야고보에게 보이셨으며"(고전15:7)

여기에 나오는 야고보는 예수님의 골육친(骨肉親)이면서 예수님의 부활 이 전에는 오히려 안 믿는 정도가 아니라 은근히 비방(誹謗)을 하고 반대(反對)했던 사람이다. 그러나 예수님이 십자가에 못 박혀 죽으신 다음에 다시 살아나심을 본 다음부터는 지난날의 잘못을 뉘우치고 반성하며 하나님 앞에 꿇어 엎드려서 기도하는 생활로 일관했다 (행1:14)

그 후에 야고보는 예루살렘 교회의 감독(監督)이 되었고 전설(傳說)에 의하면 그가 회개(悔改)하고 예수를 믿고 예루살렘 교회의 감독이 된 다음에는 일생을 오직 예수님만을 위해서 살았고 일을 한 사람으로서 그의 무릎은 '약대의 무릎'과도 같이 굳어져 버렸다고 한다. (행12:17, 15:13)

# 11
## 승천(昇天)하실 때에 열한 사도에게 나타나심

> "예수께서 저희를 데리고 베다니 앞까지 나가사 손을 들어 저희에게 축복 하시더니 축복 하실 때에 저희를 떠나 하늘로 올리시니 저희가 그에게 경배하고 큰 기쁨으로 돌아가 늘 성전에 있어 하나님을 찬송 하니라"(눅24:50-53, 행1:3-11)

분명히 예수 그리스도는 5백여 무리들이 지켜보는 가운데 하늘로 승천(昇天) 하셨다.

이는 예수 그리스도의 부활이 확실한 것처럼 또한 예수 그리스도께서 하늘로 승천(昇天)하셨다는 사실도 확실하기 때문에 가능한 더 많은 사람들이 지켜보는 가운데 그의 부활하셨음을 나타나 보여주셨고, 또

한 5백여 무리가 지켜보는 가운데 하늘로 승천하셨다.

# 12
## 승천(昇天)하신 다음 사울에게 나타나심

> "사울이 주의 제자들을 대하여 여전히 위험과 살기가 등등하여 대제사장에게
> 가서 다메섹 여러 회당에 갈 공문을 청하니 이는 만일 그 도를 좇는 사람을 만
> 나면 무론 남녀하고 결박하여 예루살렘으로 잡아오려 함이라 사울이 행하여 다
> 메섹에 까까이 가더니 홀연히 하늘로서 빛이 저를 둘러 비추는지라 땅에 엎드
> 러져 들으매 소리 있어 가라사대 사울아 사울아 네가 어찌하여 나를 핍박하느
> 냐 하시거늘 대답하되 주여 뉘시 오니이까 가라사대 나는 네가 핍박하는 예수
> 라 네가 일어나 성으로 들어가라 행할 것을 네게 이를 자가 있느니라 하시니 같
> 이 가던 사람들은 소리만 듣고 아무도 보지 못하여 말을 못하고 섰더라 사울이
> 땅에서 일어나 눈은 떴으나 아무것도 보지 못하고 사람의 손에 끌려 다메섹으
> 로 돌아가서 사흘 동안을 보지 못하고 식음을 전폐하니라"(행9:1-9, 고전15:8)

여기에서 소개하고 있는 사울은 후에 바울이라는 이름으로 바뀌게
되었는데, 그는 본래 자기 자신에 대하여 매우 자세하게 소개(紹介)하고
있어서 여기에 성격말씀 그대로를 제시한다.

> "그러나 나도 육체를 신뢰할만 하니 만일 누구든지 다른 이가 육체를 신뢰할
> 것이 있는 줄로 생각하면 나는 더욱 그러하리니 내가 팔일 만에 할례를 받고 이
> 스라엘의 족속이요 베냐민의 지파요 히브리인 중의 히브리인이요 율법으로는
> 바리새인이요 열심으로는 교회를 핍박하고 율법의 의로는 흠이 없는 자로라 그

러나 무엇이든지 내게 유익하던 것을 내가 그리스도를 위하여 다 해로 여길뿐
더러 또한 모든 것을 해로 여김은 내 주 그리스도 예수를 아는 지식이 가장 고
상함을 인함이라 내가 그를 위하여 모든 것을 잃어버리고 배설물로 여김은 그
리스도를 얻고 그 안에서 발견되려 함이니 내가 가진 의는 율법에서 난 것이 아
니요 오직 그리스도를 믿음으로 말미암은 것이니 곧 믿음으로 하나님께로서 난
의라"(빌3:3-9)

그러한 사울이 기독교로 개종하게 된 것은 바로 예수 그리스도의 직
접적인 부르심에 의한 것이었다. 그리하여 이 바울에 대한 사도직(使徒
職)을 두고 처음부터 시비(是非)가 많았던 것이 사실이다. 그러나 사도 바
울은 갈라디아 교회에 보내는 자기의 편지를 통해서 매우 구체적으로
변명을 하고 있다. 즉 "사람들에게서 난 것도 아니요 사람으로 말미암은 것도 아니
요 오직 예수 그리스도와 및 죽은 자 가운데서 그리스도를 살리신 하나님 아버지로 말미
암아 사도 된 바울은"이라고 기록하고 있다(갈1:1)

다만 한 가지 생각할 수 있는 것은 사울이 처음에는 자기의 생각대로
율법주의자 가운데서도 열심히 특심하여 행동하는 청년(靑年)이 었으나,
예수께서 그를 부르실 때에 하신 말씀이, "사울아 사울아 어찌하여 네가 나를
핍박하느냐"라고 하셨다. 이에 대하여 사울은 대답하기를, "주여 뉘시오니이
까"라고 하였고, 그 물음에 대한 답이 바로 "나는 네가 핍박하는 예수라"라고
하신 말씀이었다.

이때에 사울은 자기의 무지(無知)와 잘 못에 대한 변명의 말 한 마디를
못하고 그 다음부터는 전적으로 예수 그리스도의 명령에 순종하고 죽

도록 충성을 다 바쳤을 뿐이다. 이와 같이 기독교 신앙은 과거의 무지(無知)를 탓하고 따지려는 것이 아니라 앞으로의 일에 대하여 책임을 묻는 특성을 가지고 있다.

현대판 기독교 운동은 너무도 세속적(世俗的)이고 정치적(政治的)이고 인본주의적(人本主義的)이다. 이는 성경의 진리(眞理)와는 전혀 상관이 없다.

찬송 ·······················································································

1.  인애하신 구세주여 내가 비오니
    죄인 오라 하실 때에 날 부르소서

2.  자비하신 보좌 앞에 꿇어 엎드려
    자복하고 회개하니 믿음 줍소서

3.  주의 공로 의지하여 주께 가오니
    상한 맘을 고치시고 믿음 주소서

4.  만복 근원 우리 주여 위로 하소서
    우리 주와 같으신이 어디 있을까

후렴  주여 주여 내가 비오니
     죄인 오라 하실 때에 날 부르소서

# 제10장

# 12 사도<sup>使徒</sup>들의 약력<sup>略歷</sup>

# 제10장

# 12 사도 使徒 들의 약력 略歷

예수께서 세상에서 활동하셨던 시절에는 열 두 사람을 제자로 불러서 그의 조수(助手)들로 하여 함께 사역(事役)을 하셨다.

　　그러나 자기의 스승을 팔아먹은 가룟 유다를 제외한 열한 사람의 제자들과, 그들의 모임에서 다시 보완(補完)하여 세운 사람 맛디아까지를 열 두 사도(使徒)라고 한다 (행1:14-26 참고)

　　그리고 또 한 사람 사울은 예수께서 다메섹 도상(途上)에서 친히 환상중(幻像中)에 불러서 세우셨고, 이를 가리켜서 이방인(異邦人)을 위한 특별사도(特別使徒)라고 한다. 그러므로 여기에서는 사도 바울을 제외한 열두 사도(使徒)들에 대한 개별적(個別的)인 사역(事役)을 찾아서 정리를 해 보려고 한다. 물론 여기에는 정식적인 기록에 의한 것이 아니라 구전(口傳)으로 내려오는 전설(傳說)과 가정(假定)까지를 합쳐서 정리(整理)를 했다는 것을 미리 말해 둔다.

# 1

## 시몬 베드로(Simon Peter)

시몬 베드로는 본래 갈릴리 호수(湖水)를 중심으로 어부생활(漁夫生活)을 가업(家業)으로 하고 살아 온 요나의 아들로서, 그의 동생 안드레와 함께 예수 그리스도의 제자(弟子)가 된 사람이다(막5:37, 14:33 참고)

그는 성정(性情)이 매우 급하고 졸속(拙速)하여 종종 실수(失手)나 실언(失言)도 많이 하고 신중(愼重)하지 못한 점들도 많으나 항상 예수 그리스도를 향한 믿음이나 사랑하는 마음만은 어느 누구에 비(比)할 바가 아니었다. 무엇보다도 사도(使徒) 베드로는 예수 그리스도에 대한 믿음이 '주는 그리스도시요 살아계신 하나님의 아들이로 소이다'라고 하는 것으로 일관했다는 점이다(마16:16, 막8:29-33)

베드로에 관한 전기(傳記)는, '주여, 어디로 가시나이까?'라고 하는 소설이 나올 정도로 유명하다. 그러나 이것은 예수 그리스도께서 이미 부활하신 다음 갈릴리 호수(湖水) 가에서 미리 말씀하셨던 대로 예수 그리스도의 복음(福音)을 위하여 거꾸로 십자가(十字架)에 메달려서 죽임을 당하는 순교자(殉敎者)의 길을 걸었다는 점이다 (요21:13-15)

우리는 예수 그리스도께서 악당들에게 잡혀가서 십자가에 못 박혀 죽으실 것을 그의 사랑하시는 제자들에게 미리 알려 주셨다. 그 때에 베드로가 말한 다짐을 성경은 이렇게 기록하고 있다.

"베드로가 대답하여 가로되 다 주를 버릴지라도 나는 언제든지 버리지 않겠나이다"(마26:33)

'베드로가 가로되 내가 주와 함께 죽을지언정 주를 부인하지 않겠나이다"(마26:35)

그러나 베드로는 자기의 뜻과는 상관없이 오늘 날 로마 카톨릭 교회라는 이름과 교황정치(教皇政治)의 횡포(橫暴)로 예수 그리스도를 전면적(全面的)으로 부인(否認)하는 길을 걷고 있다.

예수 그리스도께서 십자가에 못 박혀서 죽기 이 전에 마지막으로 행한 일 세 가지가 있다. 첫째는 주의 만찬(聖餐式)을 행하심이요(마26:26-29), 다음은 제자들의 발을 씻으심이요(요13:4-17), 마지막은 겟세마네 동산의 기도였다 (마26:36-46)

그런데 교황(敎皇)을 향해서 말하고 싶은 것은 "내가 주와 또는 선생이 되어 너희 발을 씻겼으니 너희도 서로 발을 씻기는 것이 옳으니라"라고 말씀하셨다(요13:14) 그렇다면 교황(敎皇)이나 로마 카톨릭 교회가 예수님의 이 말씀에 대해서 어떻게 생각을 하고 있는가! 우리는 끝까지 하나님의 말씀인 성경의 진리(眞理)에 순종하고 따를 것뿐이다.

# 2
## 안드레(Andrew)

안드레(Andrew)는 갈릴리의 어부(漁夫) 요나의 아들이요 또한 베드로의 형제(兄弟)이다. 그러한 안드레가 그의 형 베드로와 함께 예수 그리스도의 부르심을 받고 처음에 소명(召命)된 제자(弟子)가 되었다 (마10:2-4, 눅5:1-11, 6:14-16)

안드레는 후에 그리스(Greece) 지방에서 하나님의 복음을 전하다가 로마 군인들에게 잡혀, 네로(Nero: AD 37-68 재위) 왕(王)에 의해서 처형(處刑)을 당한 순교자(殉敎者)가 되었다고 전해진다.

# 3
## 야고보(James)

야고보(James)는 역시 갈릴리 호수(湖水) 가에서 어부(漁夫)로 생계(生計)를 유지해 나가는 세베데(Zebedee)의 아들로서, 그의 동생 요한(John)과 함께 예수 그리스도의 부르심을 받은 처음 제자(弟子)로 기록된다 (마4:21, 10:2, 막1:1, 3:17)

그런데 이 야고보는 예수께서 부활(復活)하여 하늘로 승천(昇天)하신 다음 열두 사도들 가운데 처음으로 잡혀서 헤롯(Herod)왕(王)에 의해서 칼로 목이 베어 죽임을 당한 첫 번째의 순교자(殉敎者)로 기록된다.


# 4
## 요한(John)

사도(使徒) 요한(John)은 너무도 유명한 예수님의 제자(弟子)로서 그에 대한 기록은 너무도 많다. 그는 역시 갈릴리의 어부(漁夫) 세베데(Zebedee)의 아들이요 위에 말한 야고보의 동생으로 그의 형과 함께 예수님의 제자(弟子)가 된 인물이다.

그런데 이 요한의 형제는 예수님의 이종사촌(姨從四寸)이라는 형제간(兄弟間)으로 통한다(마4:21, 10:2, 막1:19, 3:17 참고) 요한은 주로 유대 지방을 중심으로 전도운동을 펴 나가다가 주후 7년경 예루살렘이 로마 군(軍)에 의해서 함락(陷落)을 당하므로 하는 수 없이 예루살렘(Jerusalem)을 등지고 소아시아 지방으로 물러가서 에배소 교회를 중심으로 활동을 했던 것으로 전해진다. 그는 도미시안(Domitianus: AD 51-96 재위) 황제(皇帝)의 박해(迫害)로 끓는 기름가마솥에 던져져서 죽임을 당할 번도 했다. 특히 사도 요한은 요한복음서를 비롯하여, 요한 1,2,3서와 요한 계시록을 쓴 성경의 기자(記者)로도 유명하다.

사도 요한은 에배소 교회의 감독으로 있는 동안 밧모 섬에 유배(流配)
되어 있는 동안 요한계시록을 기록한 것으로도 유명하다. 사도 요한은
예수 그리스도의 제자들 가운데 가장 장수(長壽)를 누린 제자로도 유명
하고, 예수 그리스도의 생모(生母) 동정녀(童貞女) 마리아(Mary)를 모셨다는
전설도 있다.

# 5

## 빌립(Philiph)

예수님의 제자로서 활동을 했던 빌립(Philiph)은 베드로의 형제(兄弟)들
과 함께 갈릴리 지방의 벳세다 사람으로서, 물고기를 잡아서 생계(生計)
를 유지해 왔던 사람이었다고 생각된다 (마10:3, 막3:18, 눅6:14, 요1:44-45) 그러
한 빌립은 후에 주로 소아시아 지방을 중심으로 전도활동을 전개해 온
인물로 전해졌다.

그러나 그는 불행하게도 네로(Nero: AD 37-68 재위) 황제(皇帝)의 박해(迫害)때
에 잡혀서 기둥에 메달려서 죽임을 당하는 순교자(殉敎者)로 지고 있다.

# 6

## 바돌로메(Batholomew)

여기에 소개(紹介)하려는 바돌로메(,Bathelomew)는 일명(一名) 나다나엘(Nathanael)이라고도 하는데, 그는 처음 그의 친구 빌립의 소개(紹介)로 예수님의 제자(弟子)가 된 인물(人物)로 전해지고 있다. (막3:18, 요1:45, 21:2) 그는 후일에 주로 소아시아 지방을 무대로 하고 복음을 전파하다가 역시 로마 나라 네로(Nero: AD 37-68 재위) 황제(皇帝)의 박해(迫害) 때에 잡혀서 거꾸로 십자가에 못 박혀 죽은 순교자(殉敎者)로 전해지고 있다.

이처럼 예수님의 제자(弟子)로서 사도(使徒)가 된 사람들은 거의 한결같이 순교(殉敎)의 제물(祭物)로 그들의 생(生)을 마감 했다.

·

# 7

## 도마(Thomas)

도마(Thomas)라고 하는 사도(使徒)의 다른 이름으로는 디두모(Didymos)라고도 하는데, 이는 쌍둥이라는 말의 뜻이다.

그는 성정(性情)이 바르고 깨끗하면서도 항상 의심(疑心)이 많아서 확인(確認)을 해보지 않고는 쉽게 믿으려고도 하지 않았으나, 그에게 확신(確

信)이 생기면 목숨까지도 던져서 뜻을 관철(貫徹)시키려는 적극적인 면도 있었다 (요11:16, 21:14) 훗날에 도마는 인도(印度)와 파르티아(Partia) 지방에서 복음 전파의 활동을 하다가 악당(惡黨)들에게 잡혀서 창(槍)에 찔려서 죽임을 당한 순교자(殉敎者)로 전해지고 있다.

특히, 인도(印度)의 국립박물관(國立博物館)에는 '도마의 칼'이 지금까지 소장(所藏)되어 있어서 예수님의 사도(使徒)들은 물론 도마의 활동에 대한 것이 역사적(歷史的)인 사건(事件)이었다는 것을 알게 해 준다.

# 8

## 마태(Mathew)

마태(Mathew)라고 하는 사도(使徒)는 레위(Revi)라고도 하는 다른 이름을 가진 자로서, 그는 본래 세관(稅關)에 앉아서 백성들에게 세금(稅金)을 걷는 것을 업(業)으로 하고 살아온 세리(稅吏)였는데, 세광에 앉아서 세금을 걷는 일을 해 오다가 예수님의 직접 부르심을 받고 예수님의 제자(弟子)가 된 사람이다 (마9:9-13)

그는 한 평생토록 세리(稅吏)인 자기를 불러서 예수님의 제자(弟子)로 삼아주신 것을 감사(感謝)하는 마음으로 살았으며, 그래서 마태복음이라는 성경을 기록(記錄)한 인물로도 유명하다. 또한 사도(使徒)들이 흩어져서 하나님의 복음을 전파하게 되었을 때에 이 마태는 아프리카(Africa)의 에티오피아(Ethiopia) 지방에서 하나님의 말씀을 전파하다가 흑인(黑人)들에게 잡혀서 목 베임을 당하여 죽어간 순교자(殉敎者)로 전해지고 있다.

# 9
## 알패오(Alpheows)의 아들 야고보(James)

여기에 소개된 야고보(James)는 유다(Judas)의 형(兄)으로서 다데오(Thadeows)라고 하는 별명(別名)도 가지고 있다. 그런데 그 때에 야고보(James)라고 하는 다른 제자가 있었으므로 일반적으로 그를 '작은 야고보'라고 부르기도 했다 (마10:3, 막3:18) 그런데 이 야고보에 대한 특별한 활동 사항은 알 수가 없으나 후에 악당(惡黨)들에게 잡혀서 성전(聖殿) 꼭대기에서 던져서 죽임을 당한 순교자(殉敎者)로 전해지고 있다.

# 10
## 야고보(James)의 동생(同生) 유다(Judas)

야고보의 동생(同生) 유다(Judas)는 예수께서 활동을 하시던 때나 그 후에도 그렇게 크게 알려져 있는 인물은 아닌 것 같다. 그러나 유다는 그의 알패오(Alpheows)의 아들로서 그의 형 야고보와 함께 예수님의 제자가 되었다. 유다(Judas)는 페르샤(Persia)지방에서 전도 사역을 하다가 악한(惡漢)이 쏘는 화살을 맞고 죽은 순교자(殉敎者)로 전해지고 있다.

# 11
## 가나안(Canaan)의 시몬(Simon)

여기에서 말한 가나안(Canaan)의 시몬(Simon)은 유대주의의 열심 파에 속한 사람이었다는 것 외에는 별 다른 기록이 없다 (마10:4, 막3:18, 눅6:13) 본래 유대교의 열성파(熱誠派)를 지칭(指稱)하는 것으로는 '셀롯인'(Zealots)이라는 말이 있다 (마10:4, 막3:18, 눅6:13-15, 행21:20 참고)

그런데 시몬은 후일에 주로 이집트(Egypt)와 유대 지방을 두루 돌아다니면서 하나님의 복음을 전파하다가 그도 역시 십자가에 못 박혀서 순교(殉敎)를 다완 것으로 전해지고 있다.

# 12

## 맛디아(Mathias)

맛디아(Mathias)는 예수 그리스도에게 불러 세우심을 받은 제자(弟子)가 아니라, 가룟 유다를 대신(代身)하여 열한 사도들이 추첨(抽籤)하여 제비 뽑아 세운 사도(使徒)였다 (행1:23-26) 그러나 맛디아도 예수 그리스도에 의해서 직접 부르심을 받지는 안 했으나 그래도 사도(使徒)가 되기 위한 사유(事由)는 고루 다 갖춘 사람이었다.

이 맛디아는 후일에 아프리카(Africa)의 에티오피아(Ethiopia)에서 하나님의 복음을 전파하다가 악당들의 돌에 맞아서 순교(殉敎)의 죽임을 당한 것으로 전해지고 있다.

# 제11장

# 특별
# 기록 特別記錄 의
# 사람

*Special Recording*

기독교 운동의 정통성(正統性)을 바로 이해하기 위해서는 긍정적(肯定的)인 면과, 또한 부정적(否定的)인 면의 양면(兩面)에 대한 것을 바로 알아야 한다. 그리하여 우선 예수님께서 친히 불러서 제자(弟子)로 삼으셨으나, 마침내는 그의 스승 예수님을 배신(背信)하여 은(銀) 30량에 팔아먹고, 후회(後悔)하여 스스로 목을 매고 자살(自殺)해서 죽은 가룟인 유다가 있었다.

　그와는 정반대(正反對)로 예수께서 활동하셨던 시절에는 전혀 생각하지도 않았던 사울(Saul)이라는 사람이 특별히 부르심을 받고, 사도(使徒) 바울(Paul)로 이방인(異邦人)을 위한 사도(使徒)로 세우심을 입었을 뿐만 아니라, 신약 성경의 27권 가운데서 거의 절반(折半)이 넘는 13권을 기록한 경우도 있어서, 이 들에 대해서는 특별한 사유의 인물로 소개(紹介)하는 것이 옳다고 본다.

# 1

## 배신자(背信者) 가룟 유다(Iscariot Judas)

여기에서 말하려는 가룟(Iscariot) 유다(Juda)에 대해서는 부정적(否定的)인 의미에서 대표적(代表的)으로 알아두어야 할 것이다. 만의 하나라도 가룟인 유다가 사랑하는 스승 예수 그리스도를 은(銀) 30에 팔아먹고 후에 후회(後悔)하여 스스로 목을 매고 자살해서 죽은 것을 그의 잘 못을 뉘우치고 후회(後悔)하여 죽은 것이라고 하여 그의 행위를 회개(悔改)로 받아들이는 사람이 있다면 이는 전혀 잘 못된 것이다.

분명히 가룟 유다도 예수님의 제자(弟子, Disciple)로 부르심을 받기는 했으나, 사도(使徒, Apostle)로 세우심을 받지는 못했다 (마10:4, 막3:1, 눅6:16) 모든 성경은 이 가룟 유다를 반역(叛逆)의 상징(象徵)으로 하고 있다(마26:47, 27:3, 행1:16)

사랑하는 스승을 은(銀) 30에 팔아먹은 가룟 유다의 후회(後悔)는 성경에서 말씀하고 있는 회개(悔改)가 전혀 아니다. 예수께서 가룟 유다에 대하여 말씀하시기를, "인자는 자기에게 대하여 기록된 대로 가거니와 인자를 파는 그 사람에게는 화가 있으리로다 그 사람은 차라리 나지 아니 하였더면 제게 좋을 뻔 하였느니라"라고 하셨다 (마26:24)

예수께서 이처럼 출생한 것 자체를 부인하시고 저주하셨는데, 이 유다에 대해서 동정심(同情心)을 갖는다든지 왜곡(歪曲)이나 오해(誤解)를 하는 것은 크게 잘 못한 것이다. 그리고 최소한 가룟 유다를 대신하여 맛디아를 세웠다는 것을 알고 있는 한 성경을 바로 아는 사람이라면 배신자(背信者) 가룟 유다를 두둔할 사람은 없을 것이다 (행1:15-26)

신학적(神學的)으로 볼 때에 무신론자(無神論者)는 회개(悔改)하고 기독교(基督敎)로 귀의(歸依)해 오기가 쉽다. 그러나 믿음의 실상(實狀)이 없는 사이비(似而非)한 신학자(神學者)나 여건을 제대로 갖추지 못한 목사(牧師)들은 성경의 진리(眞理)로 바로 돌아서기가 매우 힘들고 어렵다는 것을 말해 주고 싶다.

그래서 이른바 지성인(知性人)들이나, 과학자(科學者)들이나, 경제인(經濟人)들이나, 정치(政治)를 하는 사람들이 성경적인 바른 믿음에 이르는 일은 그렇게 쉬운 일이 아니다.

# 2

## 예수께서 이방인(異邦人)을 위해서
## 특별(特別)히 불러 세우신 사도(使徒) 바울(Paul)

기독교에서 갖는 사도(使徒) 바울의 위치는 거의 절대적(絶對的)이라고 해야 할 것이다. 그의 본명은 사울(Saul)이었다.

사도행전 7장 54절에서 60절까지의 말씀을 그대로 옮겨보면 "저희가 이 말을 듣고 마음에 찔려 저를 향하여 이를 갈거늘 스데반이 성령이 충만하여 하늘을 우러러 주목하여 하나님의 영광과 및 예수께서 하나님 우편에 서신 것을 보고 말하되 보라 하늘이 열리고 인자가 하나님 우편에 서신 것을 보노라 한 대 저희가 큰 소리를 지르며 귀를 막고 일심으로 그에게 달려들어 성 밖에 내치고 돌로 칠새 증인들이 옷을 벗어 사울(Saul)이라 하는 청년의 발 앞에 두니라 저희가 스데반을 돌로 치니 스데반이 부르짖어 가로되 주 예수여 내 영혼을 받으시옵소서 하고 무릎을 꿇고 크게 불러 가로되 주여 이 죄를 저들에게 돌리지 마옵소서 이 말을 하고 자니라"라고 기록했다. 이는 스데반 집사(執事)가 순교(殉敎)의 죽음을 당한 실화(實話)라고 할 것이다.

그런데 이 말씀 가운데 특히 59절의 말씀 가운데, "… 증인들이 옷을 벗어 사울(Saul)이라 하는 청년의 발 앞에 두니라"라고 기록하므로, 사울(Saul)이라고 하는 청년(靑年)이 스데반 집사(執事)를 잡아서 죽인 주범(主犯)이라는 것을 알게 한다. 그러므로 하나님께서는 스데반(Stephen)이라고 하는 청년 집사(靑年執事)와 사울(Saul)이라고 하는 청년(靑年)과의 생명(生命)을 맞바꾸어서 하나님의 일을 하게 하셨다는 것을 알 수 있다.

사울(Saul)이라고 하는 청년(靑年)은 일단 유대교에 입문(入門)한 다음에는 열성파(熱誠派, (Zealots)에 속한 사람으로서 무엇이든지 행동으로 그의 사상(思想)을 나타내었다는 것을 알 수 있다. 그런데 사울(Saul)이라고 하는 이 청년(靑年)의 고향(故鄉)은 소아시아 동남쪽 지중해(地中海)의 동북쪽에 위치(位置)한 길리기아(Cilicia)의 다소(Tasus)인데, 그 때에 이 다소(Tasus)는 헬라 철학(哲學)의 중심지라고도 할 수 있었다.

그러므로 사도 사울은 그러한 외적(外的)인 환경(環境)에다 그의 어머니의 독실(篤實)한 신앙력(信仰力)의 영향 아래 철저한 유대주의적인 교육(敎育)으로 넘쳐 있었다. 또한 그는 멀리 예루살렘(Jerusalem)에까지 유학하여 당대 최고의 율법주의 학자(學者)로 알려진 가말리엘(Gamaliel)문하(門下)에서 공부를 했다(행행22:3 참고)

사실상 사도(使徒) 바울에(Paul)에 대하여 기록을 한다면 몇 권의 책으로도 부족할 것이므로 여기에서는 간단히 줄여야 할 것이다. 그래서 그의 청년시절(靑年時節)의 이름은 사울(Saul)이라고 하고, 기독교로 귀의한 다음의 이름은 바울(Paul)이라고 하는 것이 좋을 것으로 알고(행13:9), 여기에서는 사도(使徒) 바울(Paul)로 통일하려고 한다.

그리고 사도 바울은 우선 기독교의 복음(福音)을 전 세계에 처음으로 전파한 이방인을 위한 사도였고, 성경을 13권이나 기록한 기자(記者)로서의 사명(使命)을 다한 사람이었고, 기독교의 변증(辨證)과 신학적(神學)과 교리(敎理)를 바로 세운 초석자(礎石者)로서의 임무를 바로 수행한 지도자였다.

사도 바울의 신앙사상(信仰思想)은 처음부터 끝까지 '믿음의 의(義)'라는 것으로서 자기 자신까지를 '하나님의 은혜(恩惠)로 된 것이다'라고 믿었다.

　　　　"그러나 나의 나 된 것은 하나님의 은혜로 된 것이니 내게 주신 그의 은혜가 헛되지 아니하여 내가 모든 사도보다 더 많이 수고 하였으나 내가 아니요 오직 나와 함께하신 하나님의 은혜로라"(고전1:15)

"형제들아 내가 너희에게 알게 하노니 내가 전한 복음이 사람의 뜻을 따라 된 것이 아니라 이는 내가 사람에게 받은 것도 아니요 배운 것도 아니요 오직 예수 그리스도의 계시로 말미암은 것이라 내가 이 전에 유대교에 있을 때에 행한 일을 너희가 들었거니와 하나님의 교회를 심히 핍박하여 잔해하고 내가 내 동족 중 여러 연갑자보다 유대교를 지나치게 믿어 내 조상의 유전에대하여 더욱 열심히 있었으나 그러나 내 어머니의 태로부터 나를 택정하시고 은혜로 나를 부르신 이가 그 아들을 이방에 전하기 위하여 그를 내 속에 나타내시기를 기뻐하실 때에 내가 곧 혈육과 의논하지 아니하고 나보다 먼저 사도 된 자들을 만나려고 예루살렘으로 가지 아니하고 오직 아라비아로 갔다가 다시 다메섹으로 돌아갔노라"(갈1:10-17)

"내가 복음을 부끄러워하지 아니하노니 이 복음은 모든 믿는 자에게 구원을 주시는 하나님의 능력이 됨이라 첫째는 유대인에게요 또한 헬라인에게로다 복음에는 하나님의 의가 나타나서 믿음에서 믿음에 이르게 하나니 기록된바 오직 의인은 믿음으로 말미암아 살리라 함과 같으니라"(롬1:16-17)

"그러나 우리나 혹 하늘로부터 온 천사라도 우리가 너희에게 전한 복음 외에 다른 복음을 전하면 저주를 받을 지어다"(갈1:8)

"내가 그리스도와 함께 십자가에 못 박혔나니 그런즉 이제는 내가 산 것이 아니요 오직 내 안에 그리스도께서 사신 것이라 이제 내가 육체 가운데 사는 것은 나를 사랑하사 나를 위하여 자기 몸을 버리신 하나님의 아들을 믿는 믿음 안에서 사는 것이라"(갈2:20)

기독교(基督敎)의 신앙입문(信仰入門)을 마치면서 다시 한 번 하나님께 감사와 영광을 올려드린다!

세상은 너무도 어려운 시기에 들어섰다. 모든 사람들의 입에서는 경제(經濟)를 들어서 입만 벌리면 돈타령을 하는데, 지금 코로나 19(Coronavirus 19) 역병(疫病)으로 인하여 전 세계가 온통 난리 속에 빠져들고 있다.

그런데 고작 한다는 소리가 마스크(Masc) 타령이나 하고 있으니 앞으로의 일이 염려스럽다. 그런데도 아직 이것이 하나님의 진노(震怒)에서 오는 재앙(災殃) 곧 천재(天災)라고 말하는 사람은 거의 없다. 이미 지구상(地球上)의 온난화(溫暖化) 같은 것으로부터 시작하여, 삼한사온(三寒四溫)이 없어진지 오래고, 사시계절(四時季節)이 흩어져 가는데도 이를 말하는 사람은 없다.

거기에다 대기오염(大氣汚染)은 극(極)에 이르렀고, 설상가상(雪上加霜) 미세(微細) 먼지까지 덮쳐서 숨을 쉬기조차 어렵다. 성경은 이에 대해서 말씀하시기를, "만물이 탄식(歎息)을 하면서, 하나님의 아들들 나타나기를 고대 한다"라고 기록(記錄)하고 있다(롬8:18-22 참고)

그리고 요한 계시록을 보면 역사의 종말기에 하나님께서 일곱 인(印)을 떼시는 일곱재앙(災殃)으로부터 시작하여 천사들이 부는 일곱 나팔의 재앙(災殃)과 일곱 대접을 쏟는 재앙(災殃)을 내리실 것이라고 예언(豫言)하고 있는데, 이에 대해서는 거의 말이 없다(계6장에서 17장까지 참조)

이러한 때에 예수를 믿는 다고 하는 것을 바로 알아야 하고, 무엇을 어떻게 하는 것이 기독교 운동인가 하는 것을 아는데 조금이라도 도움을 주기 위해서 성경을 중심으로 감히 이 글을 썼다.

필자는 결코 나의 잔꾀나 지식을 자랑하려는 마음은 조금도 없다. 부족하고 허물이 많은 한 사람에 불과하지만, 가능하다면 나라를 살리고 이 한 몸을 들여서 전 세계의 인류를 성경 말씀 안에서 살려내고 싶은 간절한 마음이다. 어느 누가 알아주든지 말든지에 대해서는 전혀 상관할 바 아니고 오직 그것까지도 의로우신 하나님께 맡긴다. 그리하여 성경을 중심으로 바른 기독교 운동을 위하여 감히 '진정한 기독교인이고 싶다'라는 글을 썼다. 모든 것 주님의 은혜요 감사한 마음일 뿐이다.

혹여, 이 글 속에 하나님의 말씀과 상충되는 부분이 있다면 주님께 용서를 빌며 독자들에게 이해를 구한다.

\*　　\*　　\*

이 글을 쓰면서 생각나는 것은 나의 부족한 글의 원고를 정성껏 교
정(校正)을 봐 주고 글을 쓰도록 뒷바라지를 다 해 주시는 이영숙 권사님
께 글과 함께 같이 하자는 마음의 뜻을 담아서 감사하다는 말을 드리며
또한 이 부족한 사람의 글을 출간시켜 주신 가나북스 대표 배수현 장로
님과, 이를 위해서 기도해 주신 안미경 권사님께 감사를 드린다!

또한 항상 나의 주변을 돌면서 자기의 직장생활 외에 열심히 공부를
하면서도 내가 하는 모든 것을 돌봐주는 사랑하는 구광옥 강도사님께
도 고마운 마음을 전하고 싶다.

그리고 이 외에도 수많은 나의 친지들과 제자들의 보살핌과 물심양
면(物心兩面)으로 도와주시고 격려(激勵)해 주심에 대하여 마음속 깊이 감
사한 마음을 새겨 본다.

나는 앞으로 백 살이 멀지않은 노구(老軀)를 이끌고 글을 쓰면서 생각
하기는 '이것이 마지막'이려니 하는 마음으로 썼고 어쩌면 죽음을 앞두
고 남긴 나의 유언(遺言)이려니 하는 마음으로 글을 썼다.

다시 한 번 글을 쓰게 하신 하나님께 감사(感謝)를 드리며 우리 모두 성경을 중심으로 하는 기독교인이 되어서 예수 그리스도의 재림(再臨)을 함께 기다리자는 말로 나의 뜻을 전한다.

성경적인 참 기독교 운동은 교회나 교단(敎團), 어떠한 사람이 아니라 창조주 하나님의 절대 주권을 인정한 각자(各自)의 신앙고백(信仰告白)에 따르는 것이라 말하고 싶다.

하나님의 뜻을 이루어 드리기 위해서 남모르게 숨어서 수고하시는 하나님의 사람들이 하는 모든 일 위에 성령의 위로(慰勞)와 능력(能力)이 항상 함께 하시기를 빌면서 끝을 맺는다.

경기도 연천군 3.8선 북쪽 철조망 밑에서
林 永 沃

# 나는 진정한 기독교인이고 싶다

**초판발행일** | 2020년 7월 10일

지 은 이 | 임영옥
펴 낸 이 | 배수현
디 자 인 | 박수정
제 작 | 송재호
홍 보 | 배보배

펴 낸 곳 | 가나북스 www.gnbooks.co.kr
출 판 등 록 | 제393-2009-000012호
전 화 | 031) 408-8811(代)
팩 스 | 031) 501-8811

ISBN 979-11-957425-5-4(03230)